GINO LEINEWEBER

FRANCISCO Pizarro

Im Namen von Kreuz und Krone

Verlag Expeditionen

Bibliografische Information der Deutschen Nationalbibliothek:
Die Deutsche Nationalbibliothek verzeichnet diese Publikation in der
Deutschen Nationalbibliografie; detaillierte bibliografische Daten sind
im Internet über http://dnb.dnb.de abrufbar.

© 2013 LIT Verlag Expeditionen GmbH
Gino Leineweber
Francisco Pizarro
2. Auflage 2013
Nachwort und Illustrationen
Manfred Kubowsky
Printed in Germany

ISBN: 978-3-943863-18-5

Für Christian

Im Frühling des Jahres 1526, im heutigen Panama, sitzen, an einem derben Holztisch, drei Männer und schließen einen Vertrag. Einen Vertrag, der das Leben abertausender Menschen kosten und ein blühendes Reich für alle Zeiten zerstören wird. Dieses Reich heißt heute Peru und die Männer heißen Fernando de Luque, Diego de Almagro und Francisco Pizarro. Alle drei werden bis an ihr Lebensende an den Vertrag gebunden sein, dessen Ziel es ist, Land zu erobern und Beute zu ziehen. Einer von ihnen, der Priester Ferdinand de Luque, bleibt als Finanzier und Strippenzieher, im Hintergrund, Almagro und Pizarro gehen an die Arbeit. Manches Mal treten sie gemeinsam auf, dann wieder getrennt. Sie werden Abenteuer bestehen, werden Erfolge feiern, Enttäuschungen ertragen und am Ende wird einer von ihnen als Verräter in den Geschichtsbüchern stehen, der andere als Held. Dieser andere heißt Francisco Pizarro.

Ein Held, denn die Eroberung von Peru wird, auch heute noch, in unserer christlich-abendländischen Betrachtungsweise, als eine Heldentat gerühmt. Diese Sichtweise wird bei Einzelnen allerdings durch die Erkenntnis getrübt, dass Pizarro, um seine Ziele durchzusetzen, Zehntausende von Inkas tötete, Millionen knechtete und eine ganze Kultur zerstörte. Das aus der Sichtweise dieser Einzelnen allmählich die Eroberung von Peru nicht mehr als Heldentat betrachtet wird, und Pizarro somit seinen Heldenstatus verliert, scheint auch am Ende des zwanzigsten Jahrhunderts wenig wahrscheinlich, denn der Name des Helden ziert immer noch Schiffe, Flugzeuge, Straßen und Plätze.

Wenige Jahrzehnte vor dem Vertrag der drei Eroberer ist, im späten 15. Jahrhundert eine Neue Welt entdeckt worden. Seither beeilen sich die europäischen Seefahrernationen – allen voran die Entdeckernation Spanien – soviel Land wie möglich zu erobern. Hier, in Spanien, selbst gerade erst von maurischer Fremdherrschaft befreit, lebt, als verkrachte Existenz, Francisco Pizarro. Seinen Lebensunterhalt verdient er sich mit Schweinehüten und ähnlichen Arbeiten. Wie so viele andere Menschen, die in Europa am Rande der Gesellschaft darben, zieht es ihn, von Gold- und Reichtumsphantasien verlockt, in diese Neue Welt. In eine Welt, die eher beiläufig entdeckt wurde. Eine Welt, in der die Eroberer noch keine funktionierenden Hierarchien geschaffen haben. Dort kann noch jeder auf das große Glück hoffen, einem Glück, das in der alten Heimat unerreichbar ist.

Ein Taumel erfasst all die Hungerleider. Zehntausende strömen aus Dörfern und Städten in die Neue Welt. Bald drängen sich dort Abenteurer und Desperados, Wegelagerer und Beutelschneider, Fälscher und Schwindler. Der ganze Abschaum verkrachter Existenzen: Versager, Schwächlinge und Nichtskönner. Dieser Schmelztiegel, hier hoffungsvolle Draufgänger, dort verzweifelte Verlierer, ist nur schwer von den wenigen Soldaten und Edelleuten zu beherrschen. Keiner mag sich den bereits geschaffenen Strukturen dort in Panama unterordnen. Jeder will einen Teil abhaben. Wovon ist egal. Grund und Boden, Silber, Gold. Egal, Hauptsache Reichtum. Die Gier treibt die Masse vorwärts. Aber die meisten versagen. Sie scheitern und kehren entmutigt, verzagt und desillusioniert zurück, oder aber, wenn die Mittel auch dafür nicht mehr reichen, fristen sie ihr Dasein dort im selben Elend, dem sie in Europa entkommen wollten. So siechen einige von ihnen dahin, verstümmelt, zerschlagen, krank. Andere sind einfach nur kraftlos und ausgebrannt und verfluchen den Tag, der sie an Bord des Schiffes gehen sah, dessen Ziel damals so verheißungsvoll erschien. Verfluchen den Tag, als sie die Alte Welt verließen, um dort drüben, in Amerika, das ihnen so lange versagte Glück endlich zu finden.

Auch bei Francisco Pizarro steht der Anfang in der Neuen Welt unter keinem guten Stern. Pizarro ist renitent und aufsässig. Selbst in dem noch schwach ausgebildeten Verwaltungsgefüge der neuen Gebiete, kann er sich nicht einordnen. Strafen wegen Ungehorsams werden angedroht und schließlich ausgesprochen. Er jedoch, mit größenwahnsinnigem Aktionismus, entzieht sich allen Sanktionen und handelt. Er gleicht einem verzweifelten Spieler, der, während die Gläubiger schon die Messer wetzen, mit einem dürftigen Blatt, alles wagt und gewinnt.

Das Spiel, das gespielt wird, heißt Erobern. Der Einsatz, um den gespielt wird, ist pures Gold. Sehr viel Gold. Dieses Gold ist Pizarros Motiv. Wurden nicht bereits Schätze gefunden? Wurde nicht bereits beachtliche Beute gemacht? In der Tat füllten wertvolles Gold, Silber und Edelsteine bereits einige der tiefen Taschen der Eroberer. Aber das ist nichts gegen die Reichtümer, die noch erwartet werden. Ob sich diese Erwartungen jemals erfüllen, weiß keiner, auch Pizarro nicht. Aber, er hat nichts zu verlieren. Er war bisher noch nicht unter den Gewinnern, und, ob er es jemals sein wird, ist zu dieser Zeit unsicher, denn alles, was erzählt wird, kann auch nur eine Fama, eine Sage, eine Legende sein. Auszuschließen ist das nicht. Oft ist über beispiellosen Reichtum fabuliert worden. Oft endeten die Geschichten als windiges Geschwätz.

Pizarro indes lässt sich davon nicht beirren. Er gibt nicht, wie so viele andere, entmutigt auf. Er ist dem trostlosen Europa nicht umsonst entflohen. Dem Europa, in dem er unglücklich einer hoffnungslosen Zukunft ausgesetzt war. Obwohl er vorerst mit leeren Händen dasteht, peinigen ihn noch nicht die Schmerzen der Melancholie, des Heimwehs oder der Seelennot. Noch glaubt er, trotz aller Enttäuschungen und Rückschläge, an unbeschreibliche Goldvorkommen. Noch lautet sein Bekenntnis: *Creo que sí.* Der Glaube aber, meint im Spanischen *Wissen*, denn er steht für den Glauben an Gott, der in Spanien einen sicheren Platz einnimmt, und so haben die Worte: Ja, ich glaube, *creo que sí,* aus dem Munde Pizarros die Bedeutung: ich weiß es, ich bin sicher. Ich bin sicher, das Gold ist da und bin sicher, dass es die einzige Chance ist, einer trüben, jämmerlichen Zukunft zu entgehen und stattdessen einer glanzvollen zuzustreben.

Tatsächlich noch ein wenig mehr als das: Denn, nicht nur ein bisschen Gold will er, nicht nur ein bisschen Reichtum, nein, Pizarro will mehr. Pizarro will alles. Er hängt an den Lippen mancher hergelaufener Halunken, saugt Berichte über unglaubliche Reichtümer in sich auf, hinterfragt nicht, woher die Erzähler dies alles wissen, prüft nicht, wer sie sind, widerspricht ihnen nicht und zweifelt keine der abenteuerlichen Schilderungen an, seien sie auch noch so wenig nachvollziehbar. Wie den Ritter Heinrich von Ofterdingen, den die geheimnisvolle *Blaue Blume* fasziniert, von der er nur undeutlich hörte, drängt es auch den Ritter Francisco Pizarro, das phantastisch angedeutete Traumland zu suchen Allein, Pizarro träumt, wie in der Geschichte von *Novalis* nicht nur den Traum der *Blauen Blume*. Den haben viele. Nein, wovon Pizarro träumt, ist, dass er es sei, der sie findet.

Ist er nur naiv, oder fühlt er sich intuitiv berufen, als großer Eroberer in die Geschichte einzugehen? Wir wissen es nicht. Was wir wissen ist, Pizarro lässt sich durch nichts entmutigen. Er will den Schatz der Inkas, und was er weiß, ist, es kann nur einen geben, ihn zu bekommen, und das er dieser eine sei, dafür würde er sorgen.

Im Jahre 1502 macht er den ersten Schritt und erreicht die Neue Welt. Im heutigen Panama bereichert er vorerst, in abgewetzten Kleidern, mit billiger Ausrüstung und den Kopf voller Flausen, die große Schar derer, die in der Neuen Welt, von Columbus erst zehn Jahre zuvor entdeckt, ihr Glück suchen wollen. Gemeinsam mit vielen anderen Rittern der spanischen Krone, ist er gelandet in einem Durcheinander von Gold- und Reichtumsphantasien, Abenteuergeschichten und Zukunftsvisionen.

Die merkwürdigen Erzählungen, die eine bunte und reiche Welt schildern, und die ihn schon in Spanien faszinierten, hören sich zwar immer phantastischer an, werden aber jetzt, hier in Panama, umgeben von rothäutigen Menschen und unbekannten Tieren, auch immer anschaulicher.

Später, als Pizarro mit Nuñez de Balboa unterwegs ist, der als erster den Pazifischen Ozean entdeckt hat, und den Pizarro auf dieser Exkursion, auf *der Flucht in die Unsterblichkeit*, begleitet hat, später hört er von seiner *Blauen Blume*, hört von einem märchenhaften Land.

Von einem Land, in dem das Gold nur darauf wartet, ohne großen Aufwand, geschürft zu werden. Von einem Land, in dem die Flüsse in der Sonne glänzen, von dem ganzen Gold, das in ihnen liegt. Diesem Land, von dem es heißt, dort werde von Tellern und Bechern aus purem Gold gegessen und getrunken, diesem Land wird fortan sein ganzes Trachten gelten. In seinem Kopf ist nur ein Gedanke, der Gedanke das Land mit dem vielen Gold zu erobern. Und es scheint, als würde dieser Gedanke sich ausdehnen, würde aus seinem Geist in die Sphären der Welt entweichen und am Ziel seiner Wünsche auf eine Resonanz stoßen. Ja, es scheint, als hätte sich sein Geist mit diesem Land verbunden, als würde es ihn rufen, als würde es auf ihn warten.

Den Grundstein legt er, indem er zwei gleichgesinnte, gleich gierige und gleich skrupellose Kumpane zum Mitmachen findet: Diego de Almagro, und den Bischof von Panama, Fernando de Luque. Mit ihnen vereinbart er, das Goldland zu erobern und in drei gleich große Gebiete aufzuteilen. Erobern, aufteilen und plündern. So simpel ist die Vereinbarung. Kein Gedanke an die Menschen, die dort leben, an gesellschaftliche Strukturen oder kulturelle Errungenschaften. Nein, die drei Männer leitet nur die Gier nach Gold und Reichtum, das Verlangen nach Einfluss und Macht.

Wie ist das zu erklären? Wie ist zu erklären, dass Menschen immer wieder humanitäre Gebote mit materiellen Gelüsten verdrängen? Ist es allein die Gier, die Leidenschaft, der Drang nach Reichtum und Macht? Müssten dann nicht überall anarchische Zustände herrschen? Ja, das wäre das Ergebnis, würde sich der Mensch nicht einer gesellschaftlichen Ordnung unterwerfen, die ihm die Sicherheit verschafft, nicht Opfer dieser Anarchie zu werden. Triebe und Leidenschaften treffen im Menschen auf Verstand und Geist, der sich ein unsicheres und ruheloses Leben sehr genau vorstellen kann. Deshalb unterwirft er individuelle Gier, Leidenschaft und Sehnsüchte notwendigen Regeln einer Gruppe oder Gesellschaft, damit er in dieser Gemeinschaft seine Rechte beanspruchen kann und gleichfalls sicher geht, dass alle anderen ebenfalls die ihnen auferlegten Pflichten erfüllen. Einfach ausgedrückt, ist die Angst, übers Ohr gehauen zu werden, größer, als der Reiz aus egoistischem Handeln Vorteile zu erlangen.

Den Gleichklang der Interessen, die Abstände zwischen den Wünschen des Einzelnen und dem erforderlichen Wirken für das Allgemeinwohl, diesen Gleichklang hat die jeweilige Obrigkeit sicherzustellen.

Wenn eine der Kräfte dominiert, kann das System nicht nachhaltig funktionieren. Alles ist voneinander abhängig. Erst das Zusammenwirken verbindet alle Kräfte miteinander, wie die harmonische Umlaufbahn des Planeten Erde um die Sonne allein durch das Zusammenspiel von Anziehungs- und Fliehkraft entsteht. Die Kraft, seinen Begierden unbedenklich nachzugeben, führt somit immer und unweigerlich zu Spannungen. Warum aber kann Pizarro dann denken, er würde damit durchkommen, ein ganzes Reich auszuplündern?

Das ist nur möglich, weil ein solches Handeln in der Ordnung der Gesellschaft, in der er lebt, verankert ist. Kaum hatte Kolumbus Amerika entdeckt, werden die Länder der Neuen Welt unter den betroffenen europäischen Mächten aufgeteilt. Spanien und Portugal sind die zwei dominierenden katholischen Kräfte jener Zeit, und somit liegt es im Interesse des Vatikans, eine gütliche Regelung zwischen diesen beiden Ländern herbeizuführen. Papst Alexander

VI. legt am 4. Mai 1493 eine Demarkationslinie fest, die, vom Nord- zum Südpol reichend, den Spaniern die Neue Welt und den Portugiesen Afrika und Asien zuspricht. Ein Jahr später, im Juni 1494 wird dann, nachdem Portugal noch Teile der Neuen Welt für sich reklamiert, ein förmlicher Vertrag geschlossen. Der Vatikan und die beteiligten Länder halten diese Vereinbarung für notwendig, weil sie befürchten, dass die entdeckten Gebiete sonst einzelnen Eroberern zufallen könnten. Seitdem gilt für eroberte Länder das Motto: Für Gott die Seelen, für den König das Land.

Wenn die herrschenden Mächte einem Eroberer derart den Weg beleuchten, wie kann er ahnen, ein Unrecht zu begehen? Wie kann ein Eroberer, wie kann Pizarro das wissen? Das einzige, das er wissen muss, ist, dass die eroberten Länder der Krone gehören. Trotz dieser Regelung wird ihm und seinen Vertragspartnern, so hoffen sie, genügend Gewinn bleiben, um ihr Verlangen nach Reichtum und Macht zu erfüllen. Aber dazu ist ein Krieg notwendig. Ein Eroberungskrieg muss geführt werden. Ein Krieg, der, wie alle Kriege, Opfer fordert. Wenn es aber ginge, sollten diese Opfer sich hauptsächlich auf der gegnerischen Seite finden lassen. In den neu entdeckten Ländern geht das.

Im Peru des 16. Jahrhunderts, finden wir einen streng zentralistisch verwalteten Großstaat mit dem *Sapa Inca*, dem Sohn der goldenen Sonne, an der Spitze. Er gilt als irdische Inkarnation der Sonne. Die Verwaltung des Reichs ist hierarchisch strukturiert. Dem Herrscher folgt die königliche Familie und der Hochadel, die Staatsbeamten und der niedere Adel und schließlich, an der Basis, die große Masse der Handwerker und Bauern. Die Bevölkerung lebt hauptsächlich von Landwirtschaft, die straff nach Richtlinien organisiert ist, die sozialistisch anmuten.

Die Bewirtschaftung des Landes erfolgt unter strenger öffentlicher Kontrolle. Ein Teil jeder Ernte wird an den Staat abgeführt und in öffentlichen Vorratshäusern deponiert, aus denen die Bevölkerung notleidender Gebiete versorgt wird. Angebaut werden vor allem Kartoffeln und Mais. Das Lama dient als Lasttier und wegen ihrer ausgezeichneten Wolle werden Alpakas gezüchtet.

Als Haustiere werden Hunde, Meerschweinchen und Enten gehalten. Was es nicht gibt, sind Pferde oder irgendwelche anderen schnellen Transportmittel.

Die Baukunst der Inkas ist meisterlich. Sie beeindruckt uns noch heute, wie etwa die Überreste alter Gebäude, hoch in den Bergen in Machu Picchu, einer erst Anfang des 20. Jahrhunderts, wiederentdeckten Stadt. Die Inkas erschaffen gewaltige Bauwerke aus präzise zusammengefügtem Mauerwerk, ohne dass wir heute irgendwelche bedeutenden technischen Hilfsmittel nachweisen können. Wie kann ein Volk, das weder Rad noch Eisen kennt, Blöcke von solchen Dimensionen ausbrechen, transportieren und schließlich ohne Mörtel so perfekt verfugen, dass noch nicht einmal eine Messerklinge dazwischen passt? Die Antworten reichen von der prosaischen Ansicht, die darauf hinausläuft, dass sehr viele Arbeitskräfte eingesetzt wurden bis zur phantastischen Vorstellung hilfreicher Außerirdischer.

Eine Schrift fehlt völlig. Trotzdem sind die Behörden in der Hauptstadt Cusco immer auf dem laufenden über alles, was in ihrem Reich vorgeht. Auf den Straßen schaffen ausgebildete Stafettenläufer bis zu vierhundert Kilometer am Tag. Der gesamte Warenaustausch und alle sonstigen Informationen werden mit Hilfe von Quipus aufgezeichnet.

Quipus bezeichnet ein Kommunikationssystem, das mit Bündeln verschiedenfarbiger Schnüre, nach einem bestimmten Schlüssel, miteinander verknotet ist.

In dieses funktionierende Staats- und Gesellschaftssystem dringt nun eine Horde von Abenteurern, die, von der Zahl her, eher bescheiden anrückt, dafür aber beeindruckend ausgestattet ist.

Allein die Schiffe! So etwas hatten die Inkas noch nie gesehen. Sie haben zwar Flösse mit Segeln, die auch das Meer befahren können. Aber mit den riesigen Wasserfahrzeugen der Spanier, hinsichtlich Beweglichkeit und Reichweite, können sie sich nicht messen. Dann die Art der Kleidung der Eindringlinge, oder die Bärte, die Ritterrüstungen. All das sind Errungenschaften einer unbekannten Rasse, einer fremdartigen Kultur, die sich bisher keiner der Inkas vorstellen konnte. Am phantastischsten indes sind die Waffen, die Piken und Schwerter, die Spitzhacken und, am eindrucksvollsten, die neuesten Schusswaffen, die sogenannten Hakenbüchsen. Ihr Nutzen wird hochmütig, an eigens dafür aufgestellten Scheiben, demonstriert. Das Aufblitzen des Pulvers, der lärmende Knall des Schusses und das Zersplittern der Ziele entsetzt die Inkas. Einige laufen laut schreiend davon, andere werfen sich zu Boden. Alles, was die Eindringlinge vorführen, gibt ihnen den Nimbus von Wesen, die imstande sind, Blitz und Donner in ihren Händen zu halten, von Wesen, deren Gegenwart gespenstisch und übersinnlich ist.

Francisco Pizarro wird in Truxillo, Extremadura, als nichtehelicher Sohn, eines Angehörigen des niederen spanischen Adels geboren. Wann genau weiß man nicht. Was man weiß, ist, dass es zwischen 1473 und 1478 gewesen sein muss. Sein Vater, ein verarmter spanischer Edelmann, ein sogenannter Hidalgo, hat ihn, im Gegensatz zu einigen anderen nichtehelichen Kindern, nie anerkannt. Pizarro wächst bei seiner Mutter, einer Bauerntochter, in armseligem Stande auf und erhält weder gebührende Erziehung noch greifbare Schulbildung. Wie erwähnt, verlässt er Spanien im Jahre 1502 und kommt nach La Hispaniola, wo er sich, wie andere Spanier auch, anfangs der Landwirtschaft widmet. Erst ab 1509 tritt er im Kreise der Conquistadores, der Eroberer, in Erscheinung. Anfangs noch als unbedeutendes Mitglied einer Entdeckungs- und Eroberungsreise, die Alonso de Hojeda leitet. Ein halbes Jahr später ernennt de Hojeda ihn zum Hauptmann und macht ihn zu seinem Stellvertreter. Später nimmt Pizarro an der bereits erwähnten Exkursion teil, in deren Verlauf am 25. September 1513, Nuñez de Balboa, nach einem anstrengenden Marsch, die Landenge von Panama durchquert hat und, von einer Berghöhe aus, den Pazifischen Ozean entdeckt. Balboa wird sechs Jahre später wegen einer Verschwörung angeklagt und hingerichtet. Auch hier ist Pizarro involviert: er muss Balboa verhaften.

Als beide damals den Pazifik erreicht hatten, erfährt Pizarro erstmals von der Existenz des Inkareiches, als dessen Synonym Reichtum und Gold erscheint. Die Erzählungen formen sich in ihm zu einem Bild, das ihn nie wieder loslässt. Je mehr er über den riesigen Batzen Gold nachdenkt, umso mehr regt sich der Wille, dorthin zu gehen und ihn für sich zu erobern. Das, weiß er, ist die große Chance seines Lebens.

Wer könnte ihn nicht verstehen? Ein armer, ungebildeter Hauptmann in fremden Ländern, der sich nach Reichtum sehnt, nach Wohlstand und Anerkennung? Ein Mensch, wie Pizarro jetzt, der nichts zu verlieren hat, kann Dinge leisten, die demjenigen, der zufrieden und satt auf seine Besitztümer blickt, nicht möglich sind, weil dessen Antrieb von Angst gedämpft wird. Dieser fürchtet, seinen Besitz zu verlieren, wenn er seine Kräfte davon abzieht, ihn zu verteidigen und zu behüten. Jener, der nichts hat, kann seine ganze Kraft neuen Zielen widmen, ohne befürchten zu müssen, etwas zu verlieren. Außer, womöglich sein Leben. Aber das kommt ihm gerade in diesem Moment nicht besonders lebenswert vor. So hat der Pizarro, der 1513, in einer sternenklaren Nacht am Ufer des Pazifiks sitzt, nichts Besonderes zu verlieren. Mit verlangendem Herzen und hungrigen Augen blickt er nach Süden. Blickt in die Gegend, in der, wie erzählt wird, das unermesslich wohlhabende Reich der Inkas liegen soll. Wollte dieser Mann sich jetzt in das Abenteuer stürzen, ein unbekanntes Land aufzusuchen und müsste, auf dem Weg dahin, Leib und Leben als Preis einsetzen, würde ihn kein Argument davon abhalten. Sein Verlangen nach Reichtum, auf den er am Ende des Weges hofft, allein leitet ihn. Aber der Mann, der schließlich, elf Jahre später, im Herbst 1524, aufbricht, hat mit dem am Strand des Pazifiks träumenden Pizarro, nichts mehr gemein.

Jetzt, wo er den anstrengenden Weg nach Peru endlich einschlägt, jetzt, wo er die beschwerliche Fahrt tatsächlich antritt, jetzt, mit Ende Vierzig, ist das nicht mehr so verständlich. Inzwischen nämlich ist er zu einem wichtigen und führenden Mitglied der spanischen Niederlassung in Panama geworden: Er ist Grundeigentümer und genießt Wohlstand und Ansehen. Diese erlauchte Stellung hätte er in Spanien, als nichtehelicher Sohn eines nicht gerade sehr vermögenden Hidalgos, niemals errungen.

Sollte ein solcher Mensch sich nicht eher zurücklehnen, die Beine hochlegen, den lieben Gott einen guten Mann sein lassen und sich des Lebens erfreuen? Ja, sollte, vielleicht. Aber, wer macht das schon? Niemand muss sich anstrengen, um in seinem Leben, wie erfüllt es auch immer sei, Mängel festzustellen. Ob sie tatsächlich existieren oder nur eingebildet sind, ist belanglos. Bedeutsam ist nur, zu wünschen, den Mangel – in welcher Art er auch immer auftreten mag – zu beseitigen. Dieser Wunsch gebiert dann ein Verlangen, das zum Handeln antreibt. Ein Handeln, das unsere Wünsche erfüllen und unsere Erwartungen befriedigen soll, und was wir fast alle erwarten, ist das Glück. Erst wenn die Mängel beseitigt wären, stellen wir uns vor, sei unser Leben vollkommen, sei der Zustand der Glückseligkeit erreicht. Das Verlangen ist es, das uns zum Handeln treibt.

Dieses Handeln wird vom Charakter des Einzelnen bestimmt. Während der eine sofort geht, schiebt der andere den notwendigen Gang immer wieder hinaus. Demjenigen, der fleißig ist, steht einer gegenüber, der faul die Zeit verstreichen lässt und dieser leistet alles, was in seiner Kraft steht, während ein anderer nur das Nötigste tut. Der Charakter jedes einzelnen ist entscheidend. Aber nicht nur für das Verlangen, sondern noch viel mehr für das Handeln. In Francisco Pizarro hat das Verlangen den Gipfel erreicht, und der Gipfel des Verlangens ist die Gier.

Es ist andererseits auch nicht die Zeit, sich gemütlich zurückzulehnen. Im Jahr 1524 ist die Zeit für Eroberungen. Zwei Jahre zuvor ist eine Expedition an der Westküste gescheitert, die das Gebiet südlich von Panama erkunden sollte. Dort vermutet Pizarro immer noch sein Traumland, und um es zu erreichen, muss er jetzt endlich etwas unternehmen. Somit bittet er den Statthalter Panamas, dass nun er, Pizarro, es sein möge, einen erneuten Anlauf versuchen zu dürfen. Er will mit dem ebenso wohlhabenden Diego de Almagro, sowie dem Bischof von Panama, Fernando de Luque, der bereits jetzt ein beträchtliches Vermögen in der Neuen Welt zusammengetragen hat, die Fahrt finanzieren. Pizarro soll mit einem Schiff, das einsatzbereit vor Anker liegt, alsbald in See stechen, während Almagro mit einem zweiten, kleineren Schiff, das noch ausgebessert und nachgerüstet werden muss, folgen soll.

Am 14. November 1524, nimmt Pizarro mit hundert Mann und vier Pferden an Bord, Kurs auf das südamerikanische Festland. November! Die ungünstigste Jahreszeit überhaupt. Regen durchweicht tagelang Mannschaft und Verpflegung, Winde wachsen zu Stürmen. An ein Fortkommen ist nicht zu denken. Segel müssen gerefft werden, und schon bald, an der Mündung des Rio Birú, bleibt nur noch, den Anker zu werfen. Sie sind nicht weiter gekommen bis jetzt, als die Kollegen zwei Jahre zuvor. Nun sitzen auch sie, vom Wetter geschwächt, hier fest. Die Verpflegung wird knapp, Mensch und Tier leiden erbärmlich. Mangelerkrankungen stellen sich ein. Die ersten Hungertoten sind zu beklagen. In Erwartung einer besseren Versorgungslage segeln sie, trotz schlechten Wetters, schließlich weiter in südliche Richtung.

Die nächste Bucht jedoch ändert ihre Situation nicht: Hunger, Krankheit und Tod wüten weiter. Verzweifelt sendet Pizarro die Hälfte seiner Truppe zur Isla del Rey, im heutigen Panama, zurück, um Vorräte zu holen, und hofft, die Männer mögen in fünf bis sechs Tagen zurückkehren. Mit dem Rest seiner Leute geht er an Land und wartet. Aber erst siebenundvierzig Tage später, und für siebenundzwanzig Spanier zu spät, kehren die ausgesandten Männer mit Verpflegung, an den Ort zurück, den die dort Wartenden inzwischen Puerto de hambre getauft haben: Hungerhafen.

Kaum ist die Truppe leidlich gestärkt, treibt Pizarro die Männer sofort wieder hoch, weiter auf den Weg nach Süden.

Wo aber ist das zweite Schiff geblieben, das Schiff, das mit Versorgung und Almagro an Bord nachkommen sollte? Es hat Pizarro verfehlt. Während der noch in Puerto de hambre darbt, begibt sich Almagro mit Proviant und Nachschub auf den Weg. Er segelt allerdings, ohne Pizarro und seine Leute zu bemerken, über den Hungerhafen hinaus. Weiter südlich geht er mit seinen Männern an Land. Dort trifft er auf Indios, die, wenig beeindruckt von der fremden Truppe, sofort angreifen. Bei diesem

Kampf verliert Almagro ein Auge. Diese Verletzung hindert ihn indes nicht, weiter nach Süden, bis zur Mündung des Rio San Juan, vorzudringen. Dort entschließt er sich zur Rückfahrt, muss er doch annehmen, dass Pizarro, den er nicht finden kann, entweder verschollen oder umgekommen ist. Als er die Isla del Rey erreicht, hört er aber, dass Pizarro wohlauf und inzwischen in Chicamá, in Panama, gelandet ist. Sogleich macht sich Almagro auf den Weg. Nachdem die beiden Kumpane wieder vereinigt sind, erfährt Almagro, dass auch Pizarro eine üble Begegnung mit den Einheimischen hatte. Nachdem Pizarros Truppe Puerto de hambre verlassen hatte, und sich weiter südlich erneut an Land begab, wurde sie von Einheimischen angegriffen, und konnte sich nur mühsam befreien. Mit seiner verwundeten und demoralisierten Truppe war nichts mehr zu gewinnen, und Pizarro beschloss nach Panama zurückzukehren.

Die beiden gebändigten Eroberer sitzen also genau wieder da, wo sie hergekommen sind. Ein Reich wollten sie erringen, Wohlstand und Ansehen, stattdessen erzählen sie von Entbehrungen und Hunger, von Krankheit und Tod. Sie sind verwundet und geschlagen. Es wäre Zeit innezuhalten, Zeit darüber nachzudenken, ob es das alles lohne. Zeit zur Umkehr. Aber nein, sie sitzen da und überlegen, wie es weitergehen soll. Vergeuden keinen Gedanken daran aufzugeben. Ihre Gier ist nicht beeindruckt, nicht von den Widerständen, nicht von den Enttäuschungen, nicht von den Entbehrungen. Sie planen den nächsten Versuch. Sie sind sich einig. Bevor sie auseinandergehen, umarmen sie einander und verbrüdern sich zu ewiger Verbundenheit.

Die Vorbereitungen enden an dem bereits zu Beginn der Geschichte erwähnten schwülen Frühlingstag. Es ist der 10. März 1526. Pizarro, Almagro und Bischof de Luque, vereinbaren erneut, das zu erobernde Land untereinander aufzuteilen, zu nutzen und auszubeuten. Diesmal schriftlich und von einem Notar beglaubigt.

Ende Juni geht es los, mit zwei Schiffen, 160 Mann Besatzung und einigen Pferden. Zur nautischen Unterstützung befindet sich unter den Leuten der erfahrene Kapitän Bartolomé Ruiz.

Früh am Morgen wird der Anker gelichtet. Eine frische Brise greift die Segel. Die Schiffe nehmen Fahrt auf, ihr Kurs weist nach Süden. Nach einigen Tagen stetigen Windes, rauschen sie mit schäumendem Bug in die Mündung des Rio San Juan, wo, wie wir uns erinnern, Almagro bei seiner ersten Fahrt umkehrte.

Pizarro, mit seinen Kriegern, geht an Land, überfällt ein kleines Indiodorf und erbeutet goldene Schüsseln, goldene Teller, und, wie reich muss in der Tat dieses Land sein, einen Feuerhaken aus purem Gold. Dieser, in den Augen der Spanier, schöne Erfolg – die Beute ist mindestens 5.000 Goldpesos wert – blendet Pizarro nicht. Für Streifzüge weiter südlich, in größeren Orten, muss er die Truppe verstärken. Er schickt Almagro mit der Konterbande nach Panama zurück. Unterdessen, bis Almagro mit Verstärkung zurückkehrt, soll Kapitän Ruiz die südliche Küste erforschen. Pizarro selbst bleibt in der Bucht des Rio San Juan und wartet.

Aber der Platz ist schlecht gewählt. Es gibt so gut wie keine Verpflegung. Die Eingeborenen machen den Spaniern weis, im Inneren des Landes sei die Versorgungslage besser. Aber das, die Küste zu verlassen, ist nun der schlechteste Rat. Statt auf bebaute Felder, stoßen die Spanier auf feuchte dichte Wälder und, nachdem diese durchdrungen sind, auf Berge, die sich vor ihnen in die Luft erheben, und deren Gipfel mit Schnee bedeckt sind. Wildwachsende Kartoffeln und Kakaobohnen sind alles, was sie an Essbarem finden. Die Umstände sind erbärmlich: Affen kreischen über ihren Köpfen, Würmer saugen sich an den Beinen fest und versprengte Indios schießen aus dem Hinterhalt ihre Giftpfeile ab. Erneut erleben die Spanier Hunger, Krankheit und Gefahr. Zwanzig von ihnen sterben. Die Überlebenden beherrscht der Wunsch: Zurück, zurück nach Panama.

Ausgemergelt kehren sie an die Mündung des Rio San Juan zurück. Und was passiert genau in diesem Augenblick? Was geschieht, als sie ermattet ihr Lager aufschlagen? Am fernen Horizont kündigt ein Segel an: Ruiz kehrt zurück! Die Erkundungsfahrt, von der er heimkehrt, hatte ziemlich ungemütlich begonnen. Anfangs sah er

indianischen Kriegern gegenüber, die von Land aus, ihn und sein e Männer mit ihren Speeren bedrohten, und von denen er sich lieber fernhielt. So nahm er Kurs aufs offene Meer. Dort, weit vom Land entfernt, entdeckte er plötzlich, er mochte seinen Augen kaum trauen, ein Schiff.

Wieso hier ein Schiff? Ruiz hatte bisher keinen Grund, an den Erzählungen darüber zu zweifeln, dass die Indios keine Schiffe kennen.

Wie sollte er dann hier auf ein Schiff treffen können? Als es näher kommt, entpuppte das Schiff sich als Floß. Allerdings, um ein recht gewaltiges Exemplar, das, mit den zwei Mastbäumen und einem großen, viereckigen Segel, von Ferne durchaus wie ein Schiff aussieht.

Auf dem Floß befanden sich indianische Männer und Frauen, prachtvoll in feines glänzendes, reich besticktes Tuch gekleidet, und erzählten Ruiz, der gespannt zuhörte, sie kämen aus der nahe gelegenen Stadt Tumbez, einer reichen Metropole, deren Paläste von Gold und Silber nur so überquellen. Mit dieser Information kehrte Ruiz um, wie wir wissen, keinen Tag zu spät.

Der Christen-Gott ist auf Seiten seiner Jünger. Kaum ist Pizarro wieder mit Ruiz vereint, da kann er auch seinen Kompagnon Almagro wieder in die Arme schließen. Mit ihm treffen Soldaten und Nahrungsmittel ein. Rasch vergessen sind jetzt Elend und Entbehrung. Frisch gestärkt und guten Mutes macht sich das Kommando auf, weiter nach Süden vorzudringen. Die Stadt, von der Ruiz erzählt hat, wird als das nächste Ziel anvisiert.

Aber soweit kommt es erst einmal nicht. Wieder hindert das Wetter an einer sorglosen Fahrt, und die

Eroberer gehen in einer sicheren Bucht der Insel Gallo, die schon Ruiz auf seiner Erkundungsfahrt entdeckt hatte, vor Anker. Von hier aus unternehmen sie Streifzüge entlang der Küste. Sie entdecken reich bebaute Felder und eine Stadt mit mindestens zweitausend Einwohnern. Vor den Augen der Spanier breitet sich Wohlstand aus. Es ist der Wohlstand, den sie erhofft, den sie erwartet haben. Aber sie sind unsicher. Wie sollen sie vorgehen? Angreifen? Abwarten? Was ist zu tun? Ist es nicht zu riskant, mit so wenigen Leuten eine solch große Stadt anzugreifen?

An einem Abend, auf ihren Schiffen, sitzen die führenden Köpfe der Truppe mit Almagro und Pizarro zusammen. Es wird viel von weiterer Verstärkung gesprochen, genau wie davon, das ganze Unternehmen abzublasen. Aber das geht nicht so einfach, und Almagro erklärt, warum:

"Gäben wir das Unternehmen auf, würden wir nicht nur ehrlos werden, sondern auch ins Gefängnis wandern. Keiner vergesse, dass unsere Gläubiger auf die Früchte warten, die wir ihnen versprochen haben."

Das ist wahr. Eine Expedition kostet viel Geld. Denken wir nur an die Schiffe, die Soldaten, die

Ausrüstung. Almagro und Pizarro sind zwar wohlhabend, aber nicht so reich, eine solche Expedition allein zu finanzieren. Und so warten neben Bischof de Luque, dem dritten Partner der beiden, noch einige andere vermögende Edelmänner aus Panama auf die Rückzahlung ihrer Einlagen. Daneben selbstverständlich noch auf eine ansehnliche Verzinsung ihres eingesetzten Kapitals. Almagro und Pizarro können nicht zurück. Darin sind sie sich einig. So unverbrüchlich einig, wie sie sich immer waren. Aber, wie heißt es doch: Die Zeit geht über alles hin, und so auch über die Freundschaft, die beide bisher pflegten. Es ist das letzte Mal, dass Pizarro und Almagro das Kleid der Eintracht umhüllt.

Wenn auch klar ist, dass es ein Zurück nicht gibt, ist immer noch nicht klar, wie es weitergeht. Versucht man es mit dem vorhandenen Personal oder benötigt man Verstärkung? Almagro ist für Verstärkung, und sagt gleich, wie er sich das vorstellt:

"Ich werde zurückkehren," schlägt er vor, "und erzählen, was ich mit meinen eigenen Augen gesehen habe. Dann werden sich Unzählige melden, genug, dass wir das Land erobern können."

Als er hinzufügt, Pizarro möge solange hier warten, ist es mit der Ruhe vorbei. Pizarro springt auf, schreit und zürnt, er habe genug von der ewigen Warterei, in diesem Hungerland, und bleibe auf keinen Fall. Es komme überhaupt nicht in Frage, dass er hier hungernd durchhalte, während sich Almagro in Panama den Bauch voll schlage. Der schnauzt zurück, dass Pizarro ein Feigling sei, und so ergibt – wir kennen das – ein Wort das andere. Der Ärger hat sich anscheinend schon lange aufgestaut, ist aber bisher immer unterdrückt worden. Er entlädt sich nun in Raserei. Auch Almagro ist inzwischen auf den Beinen. Beide stürzen, die Hand am Schwert, aufeinander zu, und sind nur mühsam zu hindern, sich gegenseitig zu massakrieren.

Ist das nun das Ende der Freundschaft, der Partnerschaft, das Ende der Gemeinsamkeit? Ja und nein, lautet die Antwort. Sie versöhnen sich zwar genauso schnell, wie sie vorher aufeinander losgegangen waren. Aber keiner von beiden wird dem anderen diese Szene jemals vergessen. Ohne den nachfolgenden Ereignissen vorgreifen zu wollen: Das Band ihrer Freundschaft ist mit diesem Streit zerrissen. Ein Band, das ausschließlich aus Gier geknüpft war, und Gier, das ist nicht neu, hält schlecht zusammen.

Nach dem Streit und der anschließenden Versöhnung wird das von Almagro angeregte Vorgehen – Pizarro hat eingelenkt – beschlossen. Als Almagro in Panama ankommt, glaubt ihm aber keiner. Die Erzählungen klingen zu sehr nach Spinnerei. Einer Spinnerei, die einzig dazu verlocken soll, weiteres Personal für das dubiose Unternehmen anzuheuern. Aber, das wird nicht funktionieren. Der Gouverneur Panamas untersagt Almagro jedes weitere Vorgehen in dieser Sache, und rüstet stattdessen zwei Schiffe aus, die Pizarro und die bei ihm verbliebenen Männer zurückholen sollen.

Zu dieser Zeit erdulden die, auf der Insel Gallo, genau das, was Pizarro befürchtet hat: Hunger und Entbehrung. Als die Schiffe, unter Führung von Kapitän Juan Tafur, eintreffen, stürmen Pizarros Männer sogleich an Bord und prügeln sich um die mitgebrachten Fleischbrocken und Weinfässer. Währenddessen erklärt Tafur dem am Strand verbliebenen Pizarro, er sei verhaftet, und wird, als dieser nicht reagiert, der Rebellion bezichtigt. Pizarro aber lächelt nur und sagt:

"Gegen Dummköpfe muss man immer rebellieren."

Er überlässt es seinen Männern, ob sie mit Tafur zurückkehren, oder bei ihm bleiben wollen. Nur dreizehn stellen sich hinter ihn, unter ihnen der Kapitän Bartolomé Ruiz. Tafur aber fährt, noch am selben Tag, mit den anderen zurück nach Panama.

Ist Pizarro verrückt geworden? Schien ihm nicht die Anzahl der Männer, über die er vorher verfügte, zu klein, um eine Eroberung bewerkstelligen zu können? Was sollte er erst mit den dreizehn ausrichten können? Weiß Pizarro, was er tut? Ja, er weiß es genau! Einer der Matrosen, die mit Tafur gekommen waren, steckte ihm nämlich einen Zettel von Almagro mit der Nachricht zu, dass er, Almagro, alles versuchen werde, um mit einem ausgerüsteten Schiff nachzukommen. Pizarro solle auf ihn warten.

Und Pizarro wartet. Ganze sieben Monate. Dann ist es endlich soweit: Ein Segel am Horizont kündigt Almagro an. Aber nicht mit Soldaten und Waffen erscheint er. Nein, Almagro durfte nur auslaufen, einen Beamten zu befördern, der Pizarro den Befehl zur Umkehr überbringen soll.

Pizarro hört den Beamten an, lacht ihn aus und konfisziert das Schiff. Ohne die benötigte Verstärkung stechen er und Almagro Richtung Süden in See. Zweiundzwanzig Tage später liegen sie endlich vor Tumbez, der Stadt, von der Ruiz, nach seiner damaligen Erkundungsfahrt, berichtete. Sie schauen auf gepflegte Steinhäuser einer wohlhabenden Stadt, die von fruchtbaren Feldern umgeben ist.

Die Indios ihrerseits stehen mit offenem Mund am Strand. Bestaunen die "schwimmende Burg", die langsam näher kommt. Sie glauben, die Fremden seien Wesen höherer Art. Sie empfangen sie mit Ehrfurcht und verpflegen sie freundlich mit Bananen, Ananas, süßen Kartoffeln, indianischem Korn, mit Wildbret und getrockneten Fischen. Nach einem unbeschwerten Aufenthalt in dieser schönen Stadt, segeln die Spanier weiter nach Süden. Überall werden sie freundlich aufgenommen. Gefällig geben sich auch die Spanier. Aber der Not gehorchend. Ihr eigentliches Ziel verlieren sie nicht aus den Augen. Dieses Ziel heißt: Eroberung und Unterwerfung. Um dafür die Voraussetzungen zu schaffen, müssen sie langsam an die Heimkehr denken.

Am Ende des Jahres 1527, achtzehn Monaten nach Beginn der Expedition, gibt Pizarro den Befehl zur Heimfahrt. Mit Geschenken der arglosen Indios – ein bisschen Gold, einige Lamas – sowie in Begleitung dreier von ihnen, die später als Übersetzer fungieren sollen, kehrt Pizarro nach Panama zurück. Auf dieser Rückfahrt hatte er keinen Zweifel daran, begeistert empfangen zu werden. Keinen Zweifel, er würde mit einer weiteren Expedition beauftragt. Keinen Zweifel, eine starke Streitmacht dafür an die Hand zu bekommen. Zwischen dem aber, was erwartet wird und dem, was sich erfüllt, klaffen häufig erhebliche Lücken. Das muss auch Pizarro erfahren, dessen Erwartungen, mit offenen Armen empfangen zu werden, sich nicht erfüllen.

Nun verliert Pizarro die Geduld. Mit den Zauderern in Panama, mit dem Gouverneur und all den anderen, die sich ihm dort in den Weg stellen und ihn in seinen Plänen behindern, kommt er nicht weiter. Er beschließt, direkt nach Spanien, an den Hof zu gehen. Dort, an oberster Stelle, will er sich seine Pläne genehmigen lassen. Will ermächtigt und beauftragt werden. Will offiziell handeln können, ohne das andere Personen – die womöglich sowieso nur ihr eigenes Süppchen kochen wollen – dies noch länger verhindern oder verzögern könnten.

Aber, in welcher Zeit bewegen wir uns? Es ist die Mitte des 16. Jahrhunderts. Eine Zeit, in der wir nicht – wie heute – ins Reisbüro gehen, einen Flug buchen, nach Madrid fliegen, den König aufsuchen, dessen Genehmigung einholen und die nächste

Maschine zurück nehmen können. Nein, es bedarf wochenlanger Fahrten mit unbeholfenen Segelschiffen, von Wind und Wetter bedroht, von Krankheit und Unglücksfällen geplagt, von Hunger und Durst bedrängt. Hin und zurück. Von Piraten ganz zu schweigen. Eine gewaltige Aktion. Darüber hinaus wird Pizarro – kaum in Spanien angelangt – verhaftet. Er hatte Schulden zurückgelassen, damals, bei seiner Abreise in die Neue Welt. Aber die Dinge wenden sich schnell zum Guten.

Hat nicht Hernando Cortéz gerade ein neues Land mit großen Reichtümern entdeckt? Warum soll es nicht gelingen, nachdem Mexiko erobert ist, noch andere nutzbringende Reiche zu finden? Was Cortéz gelungen ist, kann Pizarro gleichfalls gelingen. Sind beide nicht miteinander verwandt? Ja, in der Tat, sie entstammen demselben Großvater. Warum also soll dem einen Vetter nicht gelingen, was der andere bereits erreicht hat? Der Herrscher selbst, der sich zur Zeit in Spanien, in Toledo aufhält, sorgt dafür, dass Pizarro aus der Haft entlassen wird. Gleich darauf macht der sich auf den Weg, Kaiser Karl V., einen Besuch abzustatten, und wird sofort empfangen.

Pizarro ist dort, wo er hinwollte. Dort, vor seinem Kaiser preist er die Schätze des neuen Landes. Seine Berichte bekräftigen die Inkas, die ihn begleiten. Die Lamas und die Schmuckstücke aus Silber und Gold stützten sie. Der Kaiser – ein Freund der Eroberung von Berufs wegen – hört aufmerksam zu und bewundert die Mitbringsel. Besonders faszinieren ihn die Lamas. Schnell erkennt er, dass Pizarro die Tür zu einem Reich aufgestoßen hat, dessen Reichtum unermesslich erscheint. Kurzerhand unterstützt er die Bitte Pizarros, ihn mit allen Vollmachten auszustatten und besiegelt damit das Schicksal eines Volkes, das, siebentausend Kilometer entfernt, nichts davon ahnt, und das selbst, statt alle Kräfte zu bündeln, kurz vor dem Ausbruch eines verlustreichen Bürgerkrieges steht.

Zu dieser Zeit nämlich, bringen zwei konkurrierende Inkas, die um die Herrschaft im Lande kämpfen, ihre Truppen in Stellung. Zu dieser Zeit, als Pizarro, an einem sonnigen Frühlingstag des Jahres 1529, mit Würde und Anstand vor seinem Kaiser steht.

Pizarro trägt, der damaligen Mode entsprechend, oberhalb der Strumpfhosen, die seine Beine bedecken und ihn schlanker wirken lassen, als er tatsächlich ist, einen bunt gestreiften Wams. Die weiße

Halskrause, ein bis zu den Oberschenkeln reichender Umhang, das Schwert an der linken Seite und den Hut in der rechten Hand vervollständigen sein Erscheinungsbild. Der Kaiser, aus dessen bärtigem Gesicht die Unterlippe, unter spitzer Nase, sich fleischig vorwölbt, ist in einen langen Umhang gehüllt. Er sitzt, den Hut neben sich, auf einer einfachen Holzbank, an einem Tisch, der von einer schlichten, farbigen Decke verhüllt ist. Auf dem Tisch befindet sich, nebst einigen Schreibutensilien, eine, auf den Namen Francisco Pizarro ausgestellte Urkunde, deren Text Karl V. jetzt mit seiner kaiserlichen Signatur krönt. Dieser Text richtet sich an die, seit 1503 bestehende, spanische Kolonialbehörde, die eingerichtet wurde, um die gewaltige Vermehrung des kastilischen Besitzes in Amerika zu verwalten.

Diese Behörde, kurz Indienrat genannt, in der Juristen und Theologen wirken, braucht allerdings noch Monate, um einen Erlass vorzubereiten, womit wir das Behördenklischee schon vor fünfhundert Jahren antreffen können. Aber Königin Isabella, von Pizarro ständig bedrängt, will keine weitere Zeit verlieren, und unterzeichnet, da der Kaiser gerade abwesend und sie befugt ist, während Karls Abwesenheit, die spanischen Interessen zu verwalten, den

Erlass in ihrem eigenen Namen. Der Erlass lautet auszugsweise:

Die Königin
Nach Eurem Bericht, Hauptmann Francisco Pizarro..........gegeben auch im Namen des ehrwürdigen Priesters Don Fernando de Luque, Schuldirektor und Vikar der Kirche von Darien, sede vacante, sowie des Hauptmanns Diego de Almagro, Bürger der Stadt Panama, habt Ihr und besagte Gefährten mit dem Wunsch, Uns und der Mehrung Unserer Krone zu dienen, vor etwa fünf Jahren..........es auf Euch genommen, die Küste des Südmeers.......... auf Eure und Eurer Freunde Kosten zu entdecken..........Unter so großen Gefahren und Entbehrungen habt Ihr dann diese Entdeckung gemacht.........., dass Euch auf einsamer Insel alle Mannschaft verlassen hat bis auf dreizehn Gefährten. Mit diesen seid Ihr auf dem Schiff, das Euch Almagro geschickt, abgefahren und habt die Länder und Provinzen Perus und die Stadt Tumbez entdeckt. Bei all dem habt Ihr und Eure Freunde mehr als dreißigtausend Pesos ausgegeben. Mit dem Wunsch, Uns zu dienen, begehrt Ihr, die erwähnte Eroberung und Besiedlung fortzusetzen auf eigene Kosten und Verantwortung, ohne dass Wir je verpflichtet wären, Eure Aufwendung zu ersetzen über das hinaus, was Euch in diesen Kapitulationen zugestanden wird.........
Erstens: gebe Ich Euch, Hauptmann Francisco Pizarro, die Erlaubnis und Vollmacht, für Uns und in Unserm Namen und für die Krone Kastiliens Entdeckung und Eroberung des Landes Peru fortzuführen..........., der Küste entlang, angefangen von

dem Ort.........., den Ihr später Santiago genannt habt, bis zum Orte Chincha, was eine Strecke von zweihundert Meilen ausmacht, mehr oder weniger.
Ferner:... Um Eure Person zu ehren, erweisen wir Euch die Merced [Gnadenerweis], Euch zum Gouverneur und Generalhauptmann des genannten Peru und aller innerhalb der zweihundert Meilen liegenden Länder zu ernennen für die Zeit Eures Lebens, mit einem Jahresgehalt von Siebenhundertfünfzigtausend Maravedís, angefangen von dem Tage, da Ihr aus unserm Königreich abgesegelt........ Dieses Gehalt soll ausbezahlt werden von den Erträgnissen.........., welche uns aus jenem Land zufließen. Von diesem Einkommen habt Ihr zu entlohnen einen Alkalden Mayor, zehn Schildknappen und dreißig Knechte, einen Arzt und einen Apotheker.
Ferner: Als besondere Merced werden Wir Unserem Heiligen Vater den genannten Don Fernando de Luque..........als Bischof von Tumbez vorschlagen..........Bis die Errichtungsbulle für das genannte Bistum eingetroffen ist, ernennen Wir ihn zum allgemeinen Beschützer der Indios jener Länder, mit einem Jahresgehalt von tausend Dukaten.
Ferner: Dem genannten Hauptmann Diego de Almagro erweisen Wir als Merced die Verwaltung der Festung Tumbez mit einem Jahresgehalt von hunderttausend Maravedís.........., auch wenn er in Panama oder anderswo bliebe. Außerdem erheben Wir ihn in den Adelsstand mit den Vorrechten, welche Hidalgos in allen indischen Ländern genießen..........(Sein unehelicher Sohn wird legitimiert.)
Ferner: Auf Euren Vorschlag machen Wir Bartolomé Ruiz zu Unserem Hauptpiloten im Süd-

meer............ und verleihen seinem Sohne den Titel eines Notars der Stadt Tumbez..........
Ferner: Weil Ihr Seiner Majestät die Ausdauer jener dreizehn Gefährten..........gerühmt habt, ist es auf Eure Bitten hin Unser Wille, sie zu Hidalgos zu machen, soweit sie es noch nicht sind, jeder mit einem bekannten Solar (Stammsitz)..........Diejenigen, welche bereits Hidalgos sind, sollen zu Rittern mit dem goldenen Sporn erhoben werden, nach den üblichen Voruntersuchungen.
Ferner schenken Wir Euch aus unserem Gestüt auf Jamaica fünfundzwanzig Stuten und ebenso viele Hengste. (Weiter erhält er Geld zum Ankauf von Artillerie und zur Errichtung eines Hospitals.)
All das Gesagte gilt unter der Bedingung, dass Ihr, Hauptmann Francisco Pizarro, aus unseren Königreichen mit den notwendigen Versorgungen für zweihundertfünfzig Mann ausreiset..........Nach Eurer Ankunft in Panama seid Ihr gehalten, innerhalb von sechs Monaten die besprochene Entdeckung fortzusetzen..........Ihr seid gehalten, die Beamten Unserer Verwaltung mitzunehmen und die Ordensleute zur Unterweisung der Eingeborenen im christlichen Glauben. Ihr habt für deren Reisegeld und Unterkunft zu sorgen..........gemäß dem Range einer jeden Person.
Endlich: Ihr seid bei besagter Eroberung gehalten, alle Weisungen zu beachten, welche für die Behandlung der Eingeborenen und ihrer Güter ergangen sind..........Und wenn Ihr, Hauptmann Pizarro, alles, was in diesem Akte festgelegt ist, getreulich erfüllet.........., versichern Wir Euch durch Unser königliches Wort, dass Euch alle gegebenen Zusagen

eingehalten werden..........In erster Linie verpflichten Wir Euch, Hauptmann Francisco Pizarro, vor dem öffentlichen Notar, den Inhalt dieses Aktes zu achten und zu erfüllen, soweit er Euch betrifft, wie es gesagt ist.«
Ausgefertigt zu Toledo, am 26. Juni 1529.
Ich, die Königin
Auf Weisung Ihrer Hoheit: Juan Vazquez Notar

Nun ist alles geordnet. Pizarro hat, was er anstrebte, erhalten. Allerdings muss er, wie wir gesehen haben, für alles selbst aufkommen. Der Hof hat sich zu nichts verpflichtet, weder finanziell noch logistisch. Um jedes muss Pizarro sich selbst kümmern. Deshalb verlässt er Toledo und begibt sich nach Truxillo, in seine Heimat, um die Männer, die ihn auf seiner Expedition begleiten sollen, zu rekrutieren. Dort glaubt er, am ehesten geeignetes Personal zu finden. Jedoch, seine Landsleute – obschon interessiert zuhörend – schenken ihm keinen Glauben. Schon gar nicht teilen sie seine Begeisterung. Nur sechsundneunzig Männer folgen ihm nach Amerika. Unter ihnen vier seiner Halbbrüder. Mit Hernando sogar ein ehelicher Sohn des Vaters von Francisco Pizarro. Alle Brüder wird er im Verlaufe der nachfolgenden Ereignisse an führender Stelle einsetzen.

Obschon Pizarro für alles selbst sorgen muss, sichert sich der Kaiser per order de mufti gleichwohl den Löwenanteil der zu erobernden Schätze. Konkret bedeutet dies, neunzig Prozent! Neunzig Prozent von allem, was erbeutet wird. Bei wertvollen Edelmetallen, insbesondere Gold, beträgt der Anteil der Krone gar fünfundneunzig Prozent. Pizarro und niemand sonst hätten irgend etwas anderes erwartet. Schließlich beauftragt der Hof nicht irgendwelche Abenteurer, Hasardeure, Diebe oder Wegelagerer, sondern Abgesandte der Krone. Und nicht nur das. Hinter dem kaiserlichen Wohlwollen, das die geplante Expedition begleitet, steht die Kirche nicht zurück. Sie gibt Pizarro vierzig Priester mit, um den Indios die Eroberung und Ausbeutung ihres Landes als gottgewollt schmackhaft zu machen.

Pizarro hat, nach Panama zurückgekehrt, dort noch weitere Helfer für die Expedition gewinnen können, sodass er über fast zweihundert hochbewaffnete Männer verfügt, als er wiederum nach Peru aufbricht. Diese Reise, die dritte Pizarros, beginnt festlich. Fahnen und das kaiserliche Banner werden geweiht, es gibt Predigten und eine heilige Messe. Das Abendmahl wird gereicht. Zum Schluss erfleht man den Segen des Himmels gegen die Ungläubigen. Es sieht so aus, als diene die Reise nur dazu, unglückliche Indioseelen, denen als Heiden das Fegefeuer droht, zum Christentum zu bekehren, damit ihnen das Paradies zugänglich ist. Aber Gott, so scheint es, lässt sich nicht täuschen. Zumindest vorerst nicht, denn mitleidlos gibt sich die Natur auch auf dieser Reise. Der, für ein rasches Fortkommen der behäbigen Segelschiffe, benötigte Wind weht schwach, und schläft, nach wenigen Tagen, ganz ein. Pizarro hätte jetzt genügend Zeit. Er ist von höchster Stelle legitimiert und hat keinerlei Querschüsse mehr zu fürchten. Statt gelassen abzuwarten, wird er, der das fünfzigste Lebensjahr inzwischen weit überschritten hat, ungeduldig. Es drängt ihn, das Land zu erobern. Jetzt, und nicht erst, wenn der Wind weht. Er überlässt es den Seeleuten, darauf zu warten, nimmt seine Streitmacht und geht von Bord.

Die Truppe marschiert über Stock und Stein, über Berg und Tal. Beschwerlich, wie auf den Wanderungen zuvor. Kein Schatten schützt die Männer. Mit schweren Rüstungen, Waffen und Gepäck schleppen sie sich dahin. Die steile Sonne glüht auf sie herab. Langsam, in immer kürzeren Etappen, stolpern sie voran. Obwohl sich nächtens die Luft erfrischt, am Tage geht kaum eine Brise. Dann die sumpfigen Wälder. Obgleich das Dickicht Schatten spendet, ist es hier noch lebensfeindlicher. In stickig feuchter Luft wird mühsam struppiges Gebüsch durchdrungen. Mit Axt und Schwert bahnen die ersten den nachfolgenden einen schmalen Streifen durch die grüne Dämmerung, jederzeit gewärtig, als Opfer giftiger Reptilien zu enden. Durch diesen Pfad schlängeln sich Mann hinter Mann und Pferd hinter Pferd. Schweißbedeckt, mit trockenen Lippen und dürstenden Kehlen, wanken die Spanier voran, schleppen sich, mit von Stacheln und Dornen zerrissenen Kleidern, mit wunden Füßen, mit verschwollenen, von blutsaugenden Insekten zerstochenen Gesichtern immer weiter. Tag für Tag. Die Nacht findet sie schlaf- und ruhelos. Fiebrig und erschöpft erholen sie sich kaum. Nach vierzehn Tagen voller Elend und Pein treffen sie, hungernd, dürstend und von Fieber geplagt, endlich wieder aufs Meer und dort auf eine Ortschaft.

Als die Bewohner des kleinen Dorfes, die wunderliche Gruppe der Spanier erblicken, fliehen sie eilends davon. Das ist, wie sich später herausstellt, das Klügste, was sie sich einfallen lassen konnten, auch wenn ihre Flucht die Eroberer mit reicher Beute beschenkt. Nach diesem kleinen aber ermutigendem Raubzug, man erbeutet Nahrungsmittel, herrliche Stoffe, Smaragde, Schmuckstücke aus Gold und Silber. Nachdem sich die geschundene Truppe die Bäuche gefüllt hat, wird der Marsch fortgesetzt.

Inzwischen sind auch die beiden zurückgelassenen Schiffe unter auffrischenden Winden eingetroffen. Aber Pizarro kann nicht beides. Kann nicht per Schiff weiter und gleichzeitig die Beute sichern. Daher entschließt er sich, die beiden Schiffe mit dem ganzen Gold und Silber nach Panama zurückzuschicken. Das Raubgut wird verladen, die Schiffe nehmen Fahrt auf nach Norden. Pizarro wendet sich nach Süden, versucht aber jetzt in der Nähe der Küste zu bleiben. Das hilft allerdings nicht viel. Dort geht es durch gleißende Sandwüsten. Die Sonne fällt fast senkrecht auf die eisernen Panzer und die dickgepolsterten Wämser der Marschierenden. Die Augen der Krieger sind manches Mal so geblendet, dass sie kaum noch etwas sehen können. Zu allem Überfluss breitet sich unter ihnen eine unbekannte Krankheit aus, in deren Verlauf die Haut anschwillt und erschreckend dicke, blutgefüllte Geschwulste bildet. Einige sterben daran. Die übrigen leben in Angst und Schrecken.

Hunger breitet sich erneut aus und die Ersten aus der Truppe fragen sich, welche Gründe sie dazu drängten, an diesem unsäglichen Vorhaben teilzunehmen. Frühe Anzeichen von Meuterei liegen in der Luft.

Da erscheint, genau abgepasst, ein Segel am Horizont. Das Schiff hat den königlichen Schatzmeister und einige andere Beamte an Bord, die Pizarro überwachen sollen. Außerdem hat es reichlich Lebensmittel geladen. Welch ein Segen.

Ohne weitere Unbilden durchleiden zu müssen, erreichen die Spanier anschließend Tumbez, die Stadt, in der sie schon einmal so zuvorkommend empfangen und behandelt worden waren. Auch diesmal nimmt man sie wieder gastfreundlich auf. Pizarro fasst den Entschluss – nachdem er sich mit seinen Leuten eingehend beraten hat – das Ende der Regenzeit in dieser friedlichen Stadt abzuwarten, und hofft, es möge bis dahin weitere Verstärkung eintreffen.

Die Absicht zeigt Vernunft und Klarsicht. Zwischen dem aber, was beabsichtigt wird, und dem, was sich tatsächlich ereignet, können bekanntlich Welten liegen. Manches Mal sind die Dinge einfach so, wie sie sind, und es ist nicht zu ändern. Bisweilen aber ist eigenes Verhalten daran schuld, dass sich etwas ganz anderes entwickelt. So ist es auch hier. Kaum ist alles gemütlich eingerichtet, gefällt es einigen Spaniern, sich an den Frauen der Einwohner zu vergreifen.

Diese glaubten bisher, die Eindringlinge seien von den Göttern gesandt, seien Kinder der Sonne. Für Menschen, die zuvor noch nie ein Schiff erblickt hatten, ist diese Vorstellung nicht abwegig.

Die Schiffe, mit denen die Wesen reisen, tauchen aus der Weite des Meeres auf, aus der Ferne des Horizonts und stammen somit aus der Heimat der Gottheit der Indios, die hinter dem Horizont auf- und untergeht, aus der Sonne. Allein, der Übergriff auf die Frauen zeigt den Indios, dass sie sich wohl geirrt haben, denn darin liegt ihrer Meinung nach wenig Heiliges. Die plumpe Geilheit der Spanier lässt kaum Göttliches erkennen. Dass diese Frechheit in göttlicher Tradition steht, wenn wir etwa an die vielen Übergriffe griechischer Götter denken, wissen die Inkas nicht, und greifen zu den Waffen.

Etwa dreitausend Mann, eine laut schreiende, wilde Horde greift die Spanier an. Eine Wolke von Hunderten von Rohrpfeilen prasselt auf das Lager herab. Der ersten folgt eine zweite, eine dritte Welle. Dann sind sie da. Mann gegen Mann wollen die Indios die Eindringlinge vertreiben. Aber lange Piken, Schwerter und Äxte, Waffen, die gnadenlos die schutzlosen Körper der Angreifer aufschlitzen, empfangen sie. Eine Gruppe Reiter prescht vor, mitten hinein in die ungeschützten Leiber der Indios, und schlägt die Unverwundeten, die sich weiterhin mutig dem Kampf stellen, in die Flucht. Die Schlacht ist rasch gewonnen, mit dem Frieden aber ist es vorbei.

Nach der Demonstration, wie überlegen die Waffen der Eindringlinge sind, erfüllt sich bald darauf auch noch Pizarros Hoffnung auf Verstärkung. Zwei Schiffe laufen ein, mit Soldaten und Pferden an Bord. Sie stehen unter dem Befehl des Hernando de Soto, der heute als Entdecker des Mississippi in den Geschichtsbüchern steht.

Die Zeit des Friedens ist vergangen, die Heuchelei ist vergessen, die Maskerade ist vorbei. Das eigentliche Ziel der Fahrt, Peru zu erobern und alle dort lebenden Menschen zu beherrschen, wird nun vorangetrieben. Die Spanier breiten sich aus. Kaum treffen sie auf Widerstand. Als Pizarro Talara erreicht, eine Ebene, die von mehreren Flüssen durchzogen ist, lässt er die Schiffe nachkommen und gründet eine erste Stadt. Schon nach drei Monaten sind feste kleine Häuser erbaut, ein Gerichtsgebäude, ein öffentliches Vorratshaus und eine eigene kleine Kirche. Die Stadt benennt er San Miguel und teilt das eroberte Land unter den Männern seiner Streitschar auf. Die völlig überraschten Indios rekrutiert er als Arbeitskräfte. Einfacher geht es nicht.

Es scheint, als würde sich das ganze Land wenig aufregen. Die Indios begegnen den Eindringlingen weiterhin verblüffend freundlich. Unsicher und erstaunt erleben sie das Treiben der Spanier, wissen es aber nicht einzuordnen. Das herrische Auftreten, der mörderische Waffengebrauch, die unverhohlene Goldgier will nicht zu den Lehren des Christengottes passen, die von den Priestern verbreitet werden. Die Indios begreifen nicht, was die Herolde Pizarros über das Land rufen. Nicht etwa deshalb verstehen sie es nicht, weil sie eine andere Sprache sprechen. Schließlich führen die Spanier diejenigen Indios als Dolmetscher mit, die sich den Eroberern auf deren vorheriger Reise angeschlossen hatten. In der Tat hören die Indios alles in ihrer eigenen Sprache. Hören, Pizarro sei gekommen, die Bewohner Perus, erstens, unter die Herrschaft seines Kaisers zu zwingen und, zweitens, der Kirche Gottes zuzuführen. Was die Menschen nicht verstehen, weil sie es sich nicht vorstellen können, ist, wie eine Schar von einhundertsiebenundsiebzig Kriegern mit siebenundsechzig Pferden, ein Volk unterwerfen will, das Millionen von Menschen zählt. Aber nicht nur Unverständnis oder die Naivität der Landbevölkerung macht es den Eroberern leicht. Die Indios blockieren sich selbst, sie sind im Bürgerkrieg. Einer der beiden miteinander verfeindeten Kontrahenten trägt nun allerdings einen großen Sieg davon. Macht und Einfluss, Herrschaft und Bedeutsamkeit, das Verlangen danach ist nicht allein auf die Spanier begrenzt. Es ist auch den Indios nicht fremd. Warum sollte es auch? Dem Menschengeschlecht sind überall dieselben Triebe eigen. Die wichtigsten und drängendsten kennen wir als Nahrungs- und Geschlechtstrieb. Der dritte Trieb aber ist der anscheinend unwiderstehliche Impuls, auf Raubzug zu gehen, ist der Impuls nach Macht zu streben. Ein Impuls, der von anschaulichem Verlangen ausgeht und auf Besitzen abzielt, der die Lust entfacht zu erobern und zu plündern. Dieser Impuls begründet den Herrschaftsanspruch derjenigen, deren Verlangen, Macht auszuüben, überwertig entwickelt ist und die für dieses Verlangen die Menschlichkeit opfern. Sie entbehren der Angst, die den Normalbürger beschleicht, ein anderer möge stärker, geschickter oder schlauer sein. Vielmehr sind sie von ihrer überragenden Kraft überzeugt und ihre Überzeugung paart sich leicht mit göttlichem Sendungsbewusstsein. So können sie sich nicht vorstellen, es könnte eine stärkere Kraft als ihre eigene geben. Mit Pizarro und dem siegreichen Inka werden zwei dieser Kandidaten in nicht allzu ferner Zukunft aufeinandertreffen. Einer von ihnen wird das Unvorstellbare erleben.

Sieben Jahre ist es her, da starb der alte Inka, der große Eroberer, Huayna Capac. Unter seiner Ägide wurde das Staatsgebiet weit nach Norden, bis hinein in das heutige Ecuador, ausgedehnt. Durch ihn erreicht das Inkareich seine höchste Blüte. Kurz vor seinem Ableben teilt er das Reich in zwei Teile. Den Norden erhält Atahualpa, der Sohn, den er mit einer Prinzessin aus den neu eroberten nördlichen Gebieten hat, den südlichen Teil sein Sohn Huáscar, der rein inkaischer Abstammung ist. Mit der Aufteilung des Reiches geht es fünf Jahre gut, dann will

Huáscar auch den Norden beherrschen. In dem folgenden Bruderkrieg muss er sich, nach anfänglichen Erfolgen, jedoch seinem Halbbruder geschlagen geben, der triumphierend in Cusco, der Hauptstadt Perus, einzieht. Atahualpa allein ist jetzt der *Sapa Inca*, der Sohn der goldenen Sonne, der Herrscher Perus.

Der geschlagene Huáscar wird gefangengesetzt. Für eine vorgezogene Bartholomäusnacht, lädt der Sieger den gesamten Adel des Reiches nach Cusco ein. Kaum haben die Mitglieder der herrschenden Familie ihr Reisegepäck abgesetzt, werden sie getötet. Nur wenige entgehen diesem Blutbad. Selbst die Frauen, Tanten, Nichten und Schwestern, alle die das königliche Blut in sich tragen, insgesamt über siebenhundert Personen, müssen ihr Leben lassen. Der Sieg Atahualpas ist vollständig. Niemand ist mehr da, der seinen Herrschaftsanspruch gefährden könnte. Zufrieden zieht er sich in die Thermen von Cajamarca zurück, um dort, in den heißen natürlichen Quellen, entspannt zu baden.

Den Badespaß indes trüben die Nachrichten, die er über Pizarro und davon erhält, wie der sich mit seinen weißhäutigen bärtigen Männern ausbreitet. Atahualpa kann nicht länger tatenlos zusehen. Er sendet Boten zu Pizarro, der sich nur noch vierzehn Tagesmärsche entfernt aufhält. Dort werden die Abgesandten mit ihren Geschenken – zwei große Steinkrüge, wollene Stoffe und getrocknetes Gänsefleisch – freundlich empfangen. Der Inkaherrscher, richten sie aus, lade die Spanier zu sich ein, und hoffe, sie recht bald begrüßen zu können.

Pizarro gibt sich äußerlich freundlich, ist jedoch misstrauisch. Er vermutet, die Besucher seien Spione, die nur auskundschaften sollen, wie stark der Spanier ist. Da er nicht über viele Krieger gebietet, zeigt Pizarro, um die Boten zu beeindrucken, seine Waffen, zeigt die Büchsen, zeigt die Armbrüste. Obendrein lässt er seine Leute in voller Montur aufsitzen. Pferde sind den Inkas unbekannt. Die gepanzerten Ritter, auf den riesigen Tieren, täuschen bestimmt über die wahre Stärke hinweg. Täuschen soll auch die Antwort, die Pizarro auf die Frage nach dem Grund seines Eindringens gibt. Danach sei er nur gekommen, um Atahualpa im Kampf gegen dessen Feinde zu unterstützen. Pizarro verteilt auch Geschenke und verabschiedet die Botschafter. Sie haben eine Mütze aus rotem Tuch, mehrere Glasperlenketten und einen großen goldenen Spiegel im Gepäck. Den

Spiegel hat Pizarro gerade erst in Tumbez erobert. Dem Inkaherrscher Beuteteile aus dessen Reich zu schenken demonstriert schlechte Manieren. Aber Pizarro will mit diesem Geschenk veranschaulichen, er würde nichts geben auf Wertgegenstände aus Gold. Da aber Atahualpa nicht weiß, dass die Spanier nur das Gold lockt, hätte Pizarro den Spiegel behalten können.

Pizarro beabsichtigt, der Einladung zu folgen, und macht sich mit seinen Leuten auf den Weg. Auch dieser Marsch führt die Männer wieder bis an ihre Leistungsgrenze. Diesmal müssen sie sich über die Anden kämpfen, über Wege, die oft so schmal sind, dass die Reiter absitzen, und ihre Pferde hinter sich herziehen müssen. Dann wieder wird ein Weiterkommen durch tiefe Einschnitte verhindert, die, mit mühsam herbeigeschleppten Felsbrocken, notdürftig ausgefüllt werden müssen. Die Wege sind für leichte, bewegliche Indios gedacht, und nicht für Pferde und ihre schwer gepanzerten spanischen Reiter. Aber sie rücken voran, steigen immer höher und höher. Ein eiskalter Wind schneidet durch Mark und Bein und oben, in dünner Luft, fällt das Atmen schwerer und schwerer. Bald werden sie von riesigen Raubvögeln begleitet, die nur darauf warten, dass einer der Marschierenden schlapp macht. Der auf den Tod der geschwächten Männer wartende Kondor, immerhin der größte flugfähige Vogel der Welt, ängstigt aber lange nicht so sehr, wie die Rauchschwaden, die am Tag hinter den Anhöhen emporsteigen. Bei Nacht zeigen sich die Flammen der Feuer, um die herum die Indios lauern. Aber es kommt zu keinem Kampf. Bald sind die Berge überwunden, und trotz des beschwerlichen Abstiegs vergessen die Spanier die vorangegangenen Strapazen schnell. Ein fruchtbares Tal breitet sich vor ihnen aus. Überall sind bebaute Felder zu erkennen. Ein breiter Fluss, von dem Bewässerungskanäle abzweigen, zerteilt die saftigen Wiesen. Hinter ihnen glänzen die weißen Häuser der Stadt Cajamarca friedlich in der Sonne.

Der nächste Tag ist der 15. November 1532. Fast auf den Tag genau, acht Jahre, nachdem er erstmalig aufgebrochen ist, erreicht Pizarro die weiße Stadt, die bei seiner Ankunft eher grau wirkt, denn in der Nacht hat der Himmel sich bewölkt. Grau und trist also heute, was den Eindruck einer Geisterstadt verstärkt. Denn – außer dem Wiehern der Pferde, den Geräuschen des Regens und den Tritten der gepanzerten Spanier – ist nichts zu hören. Nichts. Die Stadt, in die Pizarros Truppe gerade einzieht, eine Stadt, in der sonst ungefähr zehntausend Menschen leben, ist beunruhigend leer. Drumherum hingegen, an den Hängen, die die Stadt umgeben, sind unzählige weiße Zelte aufgebaut. Eine gewaltige Streitmacht hat sich dort zusammengefunden. Beunruhigend auch dies.

In den nächsten Stunden wird sich, das ahnt Pizarro, sein Schicksal entscheiden. Gier und – seit dem Erlass der Königin – Sendungsbewusstsein hat ihn getrieben. Jetzt wird er mit dem Inkaherrscher zusammentreffen. Es wird sich zeigen, wie die Sterne stehen. Ob sie ihm, Pizarro gewogen sind oder aber dem Inka zuneigen. Zunächst schlagen die Spanier in den leeren Häusern ihr Quartier auf. Nicht lange können die Männer ihre geschundenen Körper pflegen, da lässt Pizarro ungeduldig zwei Reiterscharen zusammenstellen, die sich, notdürftig gesäubert und geputzt, zum Lager des Inkaherrschers begeben.

Den Mittelpunkt des Lagers bildet eine aus Strohmatten gefertigte Unterkunft, in der Atahualpa residiert. Davor halten sich viele prächtig gekleidete indianische Edelleute und Frauen des Hofstaates auf. In ihrer Mitte sitzt, auf einem bunten Kissen, der Herrscher. Er trägt die rote Borla, die Krone der Inkas, und blickt, aus großen Augen in seinem flachen Gesicht, hölzern und ausdruckslos, den fremden Reitern entgegen. Der Dolmetscher der Spanier verneigt sich vor dem sitzenden Inka, und wird aufgefordert, sich ebenfalls zu setzen. Die Spanier grüßen hoch zu Ross und blicken auf die Szene herab. Der Dolmetscher weist auf den Anführer der Reitergruppe und erklärt: "Das ist Hernando Pizarro, der Abgesandte seines Bruders Francisco, des Oberbefehlshabers der weißen Männer. Er ist hier, um dich von der Ankunft der Spanier in Cajamarca zu benachrichtigen. Die Spanier sind Untertanen des mächtigsten Herrschers der Welt und verfügen über den wahren Glauben, den sie dich und dein Volk lehren wollen. Der Anführer der Spanier lädt dich ein, ihn mit deinem Besuch zu beehren."

Atahualpa sitzt, mit versteinertem Gesicht, auf seinem Kissen und lässt sich nichts anmerken. Bevor er antwortet, werden Früchte und Fleischstücke angeboten, die die Spanier jedoch ablehnen, da sie ihre Pferde nicht verlassen wollen. Nur den Maisschnaps, der ihnen, in großen goldenen Bechern, von bunt gekleideten Inkafrauen, gereicht wird, nehmen sie an. Schließlich lässt Atahualpa sie wissen, dass er gerade Fastentage halte, die allerdings morgen beendet werden. Dann werde er mit seinen Häuptlingen den weißen Mann besuchen.

Es ist unklar, warum das Oberhaupt der Inkas der Einladung folgen will. Warum jagt er die Eindringlinge nicht einfach davon? Er, der so grausam zu kämpfen versteht und über eine so große Anzahl von Soldaten verfügt? Warum lässt er zu, dass Fremde durch sein Land marschieren? Ist ihm noch nicht zu Ohren gekommen, dass Pizarro mit seinen Leuten Land annektiert und eine Stadt gegründet hat? Hat er noch nicht die Kunde vernommen, von dem Gemetzel, das die Spanier in Tumbez angerichtet haben? Weiß er nicht, dass Pizarro unterwegs ein Rasthaus, das ausschließlich ihm, Atahualpa, zum alleinigen Betreten und Bewohnen vorbehalten ist, dass Pizarro dieses Rasthaus einfach für sich reklamierte und dort einige Tage verweilt hat? Warum beendet Atahualpa den Spuk nicht, bevor es zu spät ist? Hat er wirklich den Worten geglaubt, Pizarro wäre gekommen, ihn zu unterstützen? Hat er das wirklich geglaubt? Nein, natürlich hat er das nicht geglaubt, und natürlich weiß Atahualpa das alles. Er hat deshalb die Spanier überhaupt nur unbedrängt die Berge überschreiten und die Stadt Cajamarca erreichen lassen, weil er ihnen damit eine Falle stellen will. Warum er aber die Falle nicht zuschnappen lässt, und der Einladung nachkommt, werden wir nie erfahren.

Pizarro verfolgt mit der Einladung einen eigenen Plan. In diesem Plan ist es Atahualpa, der in die Falle geht. Der Herrscher des Landes, in dem sich die Begierden nach Gold und Reichtum so verführerisch erfüllen lassen, wird, das weiß Pizarro, niemals freiwillig aufgeben und sein Land den Fremden ausliefern. Das aber wäre nötig, denn so wie Pizarro sich vorstellt, das Land auszubeuten und die Menschen zu unterwerfen, kann er niemanden gebrauchen, der ihn hemmt. Der Erfolg der Expedition ist nur möglich, wenn der jetzige Herrscher der Inkas, seine Macht verliert. Die Falle, die Pizarro ihm stellt, dient genau diesem Zweck.

Eine unsichere Nacht ist noch zu überwinden. Vom feindlichen Heerlager umgeben, dessen nächtens lodernde Wachtfeuer zahlreicher scheinen, als die Sterne am Himmel, stellen sich viele Spanier die bange Frage: Kommt der Inka wirklich? Doch

Pizarro zweifelt nicht. Er sitzt mit seinen Offizieren bis spät in die Nacht zusammen. Als sie auseinandergehen ist alles bereit. Der Plan ist beschlossen, die Falle gestellt, der Besucher kann kommen.

Der Inka soll in einen Hinterhalt gelockt und im Angesicht seiner Untertanen gefangengenommen werden. Nur so, überlegt Pizarro, ist es möglich, diese ausweglose Lage – mit den ganzen Heerscharen um sich herum – zu meistern. Den eigenen König in so unglaublicher Weise zu brüskieren, müsste, kalkuliert Pizarro, das peruanische Heer schwer treffen, müsste es destabilisieren und der eingeborenen Bevölkerung die Übermacht der Spanier vermitteln. Ein solcher Handstreich würde obendrein ihren Ruf festigen, überirdisch unverletzlich zu sein und den Nimbus verstärken, sie, die Eindringlinge, seien als Kinder der Sonne von göttlicher Herkunft.

Es um die Mittagszeit des nächsten Tages, als der Zug des Inka-Herrschers sichtbar wird. Er selbst thront hoheitsvoll auf einer aus purem Gold gefertigten Sänfte. Der Thron ist mit bunten Federn tropischer Vögel geschmückt. Voran gehen Diener, die mit großen Wedeln die Straße säubern. Es folgen Frauen und Kinder. Die Sänfte wird von hochrangigen Edelleuten getragen. Links und rechts an den Straßen und auf den Wiesen postieren sich die indianischen Truppen, schätzungsweise fünfzigtausend Mann. Bei seinem Besuch bietet der Inkaherrscher, um die Spanier einzuschüchtern, an Prunk und Glanz, alles auf, was ihm zur Verfügung steht. Um den Hals trägt er Smaragden von unschätzbarem Wert und auf dem Kopf eine Krone aus kostbaren Juwelen. Die Edelleute sind über und über mit

Goldschmuck bekleidet. Die Ohren der Leibwachen sind mit Edelsteinen geschmückt, und in ihren Händen tragen sie Keulen aus purem Gold. Atahualpa kann nicht wissen, dass die Spanier gerade das Gold und Geschmeide so sehr begehren, und ahnt daher nicht, dass die Eindringlinge durch das ganze Gefunkel immer entschlossener werden, sich in den Besitz dieser Glanzstücke zu bringen.

Spät am Nachmittag erreicht der Zug Cajamarca. Als Atahualpa in die Stadt einzieht, lässt er den überwiegenden Teil der Krieger zurück. Ungefähr sechstausend Mann begleiten ihn noch, als er die Plaza erreicht. Aber, wo sind die Fremden? Nur ein einzelner Mann stellt sich den Inkas in den Weg. Wo sind die anderen? Atahualpa entsteigt der Sänfte und geht auf den Fremden zu, vermutet in ihm, der mitten auf der Plaza steht, den Anführer der weißen Männer. Aber das ist ein Irrtum. Der Mann, der sich seinerseits nun langsam auf den Inka zubewegt, trägt eine Bibel in der einen und ein Kruzifix in der anderen Hand. Dieser Mann ist nicht Pizarro. Es ist der Dominikanermönch Friar Vicente de Valverde. Wo aber ist Pizarro, wo sind seine Krieger? Die gewaltige Plaza begrenzen einige geräumige Hallen mit großen Toren, die anscheinend sonst die

Inkatruppen beherbergen. In diesen Hallen hat Pizarro seine Reiter kampfbereit aufgestellt. Das Fußvolk befindet sich ringsherum in anderen Gebäuden. Als Atahualpa die Plaza erreicht, schnappt die Falle zu. Er ist ins Netz gegangen, ohne es gleich zu bemerken. Außerdem hat er nicht ausreichend Zeit, zu überlegen, denn der Mönch, der die Chichamundart – die Sprache der Inkas – beherrscht, hat den Herrscher inzwischen erreicht. Jetzt belehrt er mit feierlichen Worten den Inka, dass nur ein Gott, der eine und einzige, an den die Christen glauben, die Menschen erschaffen hat. Atahualpa wird mit dem Sündenfall und der Erlösung durch Gottes Sohn vertraut gemacht, mit der Kreuzigung und anschließender Himmelfahrt. Weiterhin wird er darüber aufgeklärt, dass der Heiland seinen Apostel Petrus als Stellvertreter auf Erden zurückgelassen, und dieser sein Amt an den Papst weitergegeben habe. Der Papst, der jetzt über alle Herrscher der Welt Gewalt hat, habe den Kaiser, den mächtigsten Herrscher auf Erden, beauftragt, die Eingeborenen zu unterwerfen und zu bekehren. Francisco Pizarro sei ausgesandt, diese Aufgabe zu erfüllen. Nachdem der Mönch den christlichen Glauben hinlänglich beschrieben hat, möchte er, der

Inka wolle sich zu dieser Religion ebenfalls bekennen, und sagt:

„Atahualpa, ich fordere dich auf, dem Irrglauben, in den Ihr verstrickt seid, abzuschwören und den wahren Glauben anzunehmen. Überdies sollt Ihr anerkennen, dass Ihr dem Kaiser ab heute zinspflichtig seid."

Es ist ein Versuch. Der Versuch, mit Worten zu überzeugen, mit Worten zu unterwerfen und zu bekehren, und mit Worten ein mögliches Blutbad zu vermeiden. Wie gesagt, ein Versuch. Wenn der allerdings fehlschlägt, und bei den Spaniern wird niemand so naiv gewesen sein, anzunehmen, er möge gelingen, dann bleibt nichts anderes mehr, als zu den Waffen zu greifen. Hätte der Mönch das so gesagt, hätte er also gesagt: wenn du dies nicht tust, dann passiert etwas, wäre es – juristisch gesehen – Nötigung. Aber so hat er es nicht gesagt, und es bleibt dem Inkaherrscher anheim gegeben, sich zum Christentum zu bekennen oder es zu lassen. Es ist sein freier Wille. An den Folgen indes ändert das nichts.

Der freie Wille durchdringt das christlich-abendländische Menschenbild im Religiösen, Philosophischen und Gesellschaftlichen. Er überlässt es jedem einzelnen, sich so zu verhalten, wie dieser es für richtig hält. Diese Freiheit hat allerdings den Nachteil, der immer dann offensichtlich wird, wenn ein Mensch mit seinem Willen falsch hantiert. Der Nachteil heißt Schuld. In dem von Gott vorgegebenem Gesellschaftsvertrag wird Schuld mit Strafe geahndet. So ist der freie Wille für den Menschen ein schmaler Grad, auf dem er sich bewegt. Oft weiß er erst, ob der nächste Schritt richtig gesetzt oder ein Fehltritt ist, wenn es bereits zu spät ist. Die Ursache für den möglichen Fehltritt im Christentum aber ist nicht der brüchige Weg, sondern der Schritt, den der Mensch gegangen ist. So verstanden, ist das ganze Leid der Welt auf des Menschen Schuld als Individuum und der Menschheit Schuld als Kollektiv zurückzuführen. Im 16. Jahrhundert in Südamerika, ist die Ursache für den Untergang eines Reichs daher nicht die gestellte Falle, sondern die falsche Entscheidung Atahualpas. Er wird dem Rat des Mönchs nicht folgen, und lädt somit Schuld auf sich, oder man kann auch sagen, salopp ausgedrückt, er sei selbst schuld, an den nachfolgenden Ereignissen.

Der Mönch muss längere Zeit auf die Antwort warten. Nach langem Schweigen erklärt der Herrscher der Indios als erstes: „Ich werde Niemandem zinspflichtig sein." Nachdem er das geklärt hat, macht er deutlich, wie er die Dinge sieht: Der größte Fürst der Erde sei nämlich er, Atahualpa, mit ihm komme niemand gleich. Dann fragt er: „Wie kann der Mann, der Papst heißt, Länder verschenken, die nicht sein Eigentum sind? Was ist das für ein Gott, der von Menschen getötet wird, die er selbst geschaffen hat? Nein," erklärt er schließlich und zeigt dabei zur Sonne, „mein Gott lebt am Himmel und blickt auf seine Kinder herab. Meinen Glauben werde ich niemals ablegen." Mit diesen Worten reißt er dem Mönch die Bibel aus der Hand und schleudert sie zu Boden.

Darauf hat Pizarro nur gewartet. Er gibt ein Zeichen. Ein verstecktes Geschütz wird abgefeuert und gibt damit das vereinbarte Signal loszuschlagen. Der Lärm der Angreifer, ihre Schlachtrufe, die Trommeln, die Trompeten und das Knallen der Musketen, überraschen, erschrecken und verstören die Inkas. Ihr erster Impuls ist Flucht. Aber wohin? Überall sind, zu Fuß oder zu Pferde, Spanier und durchbohren mit Lanzen und Schwertern die Körper der Indios. Wie im Rausch schlagen die Europäer auf die Indios ein. Atahualpa muss hilflos mit ansehen, wie seine Leute, die versuchen, ihn zu schützen, abgeschlachtet werden. Bald ist der Kampf zu Ende und der Inkaherrscher wird, an den aufgeschichteten Haufen seiner toten Begleiter vorbei, zu einem Gebäude an der Plaza geschleift, das sein zukünftiges Domizil sein wird, sein Gefängnis.

Als die außerhalb der Stadt lagernden Truppen der Inkas erfahren, dass ihr Führer gefangen genommen ist, reagieren sie, wie Pizarro es sich erträumte. Führer- und kopflos, wie sie jetzt sind, laufen sie davon. Panisch und aufgeregt – Zelte und Waffen zurücklassend – flüchtet das riesige Heer.

Atahualpa sitzt in seinem Gefängnis und ist aller Illusionen beraubt, besonders der Vorstellung, er könne die Spanier, seien sie erst einmal in die leere Stadt Cajamarca gelockt, dort töten und sich ihrer Waffen und Pferde bemächtigen. Die Spanier waren schneller. So herrscht in ihrem Lager großer Jubel. Sieg! Auf der ganzen Linie. Keiner von ihnen wurde getötet, keiner ist ernsthaft verwundet. Der ganze Kampf hat nicht mehr als eine halbe Stunde gedauert.

Ist die Tat der Spanier mutig oder ritterlich? Das Rittertum, das Mut und Tapferkeit als Tugend angesehen hat, ist lange untergegangen, wenngleich Rüstungen und Waffen noch daran erinnern. Die neuartigen Geschütze und Gewehre jedoch, die den Kampf Mann gegen Mann, das Gefecht Heer gegen Heer auf eine andere Ebene getragen haben, ließen das Rittertum untergehen. Dennoch nennen sich Pizarro und seine Leute weiterhin Ritter. Ein wahrer Ritter aber hätte niemals einen Gegner in einen Hinterhalt gelockt, und wenn, dann nur, um anschließend Mann gegen Mann zu kämpfen. Gerade der Anführer ist im Kampf zu besiegen. Das erfordert die Ehre, die die Kämpfer einander gewähren. Die Gefangennahme des Inkas ist ehrlos. Besucher in einen Hinterhalt zu locken ist nicht ritterlich.

Der Hinterhalt in einer der bedeutendsten Rittersagen, dem Gunther, Gieselherr, Hagen von Tronje und viele andere zum Opfer fielen, war ebenfalls nicht ritterlich. Die Falle war aber auch nicht von einem Ritter, sondern von einer Frau gestellt. So können wir Pizarros Plan mit Kriemhilds Rache vergleichen, aber nicht mit ritterlichem Handeln.

Auch ein Essen, das Pizarro dem gefangenen Inka am Abend gibt, ändert das nicht. Es ist der untaugliche Versuch, Atahualpa eine Ehre zu erweisen, die ihm im Kampfe nicht gewährt wurde.

Das Abendessen verläuft einsilbig. Atahualpa lässt sich nur dazu herab, den Spaniern Kriegsglück zu bescheinigen, erwähnt aber auch, dass noch nicht aller Tage Abend sei, und er hoffe, dass seine Truppen ihn befreien werden.

Aber die Spanier setzen sich fest. Gleich am nächsten Tag lässt Pizarro dreißig seiner Männer ausreiten, um versprengte Indios einzufangen. Sie sollen die Toten begraben und die Straßen und die Plaza reinigen. Anschließend werden sie als persönliche Diener unter den Spaniern aufgeteilt. Schnell wird die Stadt befestigt. Die Mauern werden so verstärkt, dass die Indios es kaum wagen können, die Stadt anzugreifen. Außerdem wird eine Kirche gebaut.

Pizarro schickt nach San Miguel, lässt von seinem großen Erfolg berichten und fordert Verstärkung. Er denkt an zweihundert Mann Fußvolk und fünfzig Reiter. Damit könnte die Hauptstadt Cusco erobert werden. Zwischenzeitlich beordert er eine kleine Reitertruppe zu dem Landhaus Atahualpas, in der Nähe der Quellen, und lässt es ausplündern.

Tafelgeschirr aus purem Gold, schwere silberne Becher, Massen von Edelsteinen und Stoffballen von seltener Farbenpracht werden herangeschleppt. Drei Tage dauert es, alles zu transportieren. Dem gefangenen Inka entgeht nicht länger, wie begehrlich die Eindringlinge hinter dem Gold her sind. Da sie sich ohnehin schon ausgebreitet haben, sich über kurz oder lang sowieso alles, was sie wollen, nehmen würden, verfällt er auf die Idee, einen Handel anzubieten: Gold gegen Freiheit. Für die Freiheit ist er bereit, einen riesigen Raum mit Gold füllen zu lassen und zwei weitere, kleinere mit Silber. Sein Angebot indes ist von einem Hintergedanken begleitet. Hatte er doch erfahren, dass sein Bruder Huáscar, den er, Atahualpa, vor nicht allzu langer Zeit gefangengenommen hatte, inzwischen ebenfalls den Spaniern in die Hände gefallen ist. Wer weiß, denkt sich Atahualpa, ob die Spanier nicht die Brüder gegeneinander ausspielen würden, oder, gar noch schlimmer, Huáscar den Spaniern entfliehen könnte. Atahualpa muss dem Gefängnis entkommen, dann, denkt er, würde sich womöglich noch alles zum Guten wenden. Für eine solche Aussicht ist das Gold ein guter Einsatz.

Pizarro geht sofort auf das Angebot ein. Es wird schriftlich vereinbart, dass der Inka Boten nach Cusco und in andere wichtige Städte des Reiches entsendet. Ihnen ist aufgegeben, alles Gold und Silber, das sich in den königlichen Palästen und in den

Tempeln befindet, unverzüglich nach Cajamarca bringen zu lassen. So geschieht es, dass indianische Träger Tag für Tag gewaltige Mengen Gold und Silber herbeibringen. Der riesige Raum aber füllt sich nur langsam.

Im Frühjahr 1533 trifft die von Pizarro angeforderte Verstärkung in Cajamarca ein. An ihrer Spitze steht Diego de Almagro, der alte Weggefährte Pizarros und jetzige Befehlshaber der Stadt Tumbez. Einhundertfünfzig Mann Fußvolk und fünfzig Reiter werden von der in Cajamarca lagernden Truppe überschwänglich begrüßt. Obwohl nach einiger Zeit Spannungen zwischen Pizarros Truppe und den neu hinzugekommenen Männern Almagros entstehen, glaubt Pizarro nun, die Hauptstadt Cusco erobern zu können und von dort das ganze Reich zu beherrschen. Aber es gibt zwei Probleme, den Marsch sofort anzutreten. Das eine ist das angehäufte Gold und das andere der gefangene Inka.

Atahualpa hat sich inzwischen in der Gefangenschaft passabel eingerichtet. Zwar wird er weiterhin streng bewacht, aber ansonsten seiner Stellung nach behandelt. Er bewohnt drei Räume, in denen er sich frei bewegen kann. Drei seiner Lieblingsfrauen leben bei ihm. Er kann Besucher empfangen. Meist indianische Edelleute, die ihm Geschenke bringen und ihn mit der Vorhersage aufmuntern, er werde bald wieder über Peru herrschen. Trotz seiner Gefangenschaft wird er von den Indios noch als der echte Herrscher betrachtet, und so gelingt es ihm, aus dem Gefängnis heraus, noch Einfluss auszuüben, der soweit reicht, dass er sich seines Halbbruders entledigen kann.

Huáscar hatte versichert, nachdem er den Spaniern in die Hände gefallen war, er hätte ein viel höheres Lösegeld bieten können, weil er viel besser als Atahualpa wisse, wo die großen Schätze zu finden seien. Pizarro ist von der Aussicht entzückt das Inka-Gold könnte aus einer zweiten Quelle sprudeln. So beschließt er, Huáscar nach Cajamarca bringen zu lassen. Bevor dies aber verwirklicht werden kann, ist Huáscar tot. Pizarro schäumt vor Wut, und lässt ermitteln, was passiert ist.

Die indianischen Wächter Huáscars, noch von Atahualpa ausgesucht, hätten, hört Pizarro, den Gefangenen umgebracht. Den Befehl dazu habe ein indianischer Edelmann gegeben. Kaum hat Pizarro erfahren, wer dieser Edelmann ist, lässt er ihn ergreifen und stehenden Fußes auf der Plaza von Cajamarca hinrichten. Wie es heißt, habe dieser Edelmann erst kürzlich Atahualpa einen Besuch abgestattet...

Der Inkaherrscher muss also weiterhin beachtet werden. Pizarro erkennt, solange er den Gefangenen von Cajamarca im Rücken hat, ist es viel zu riskant, einen Marsch auf Cusco zu wagen. Es wäre sicherer, wenn es den Gefangenen nicht mehr gäbe. Immerhin könne der befreit werden und an der Spitze eines großen Heeres mit der Übermacht seiner Krieger, zurückschlagen. Peru ist zwar schon weitgehend erobert, aber immer wieder hören die Spanier von großen Truppenbewegungen. Außerdem wäre es wünschenswert, das Gold befände sich in Sicherheit. Aber, wie kann man dies vollbringen und wie sich gleichzeitig des Gefangenen entledigen? Pizarro, der bisher so erfolgreich war, weiß auch hier Rat.

Das Problem mit dem Gold wird so gelöst, dass es aufgeteilt wird. Alles, bis auf die Stücke, die der Krone gehören, wird eingeschmolzen. Dem Kaiser sollen die wunderbaren Goldschmiedearbeiten nicht vorenthalten werden. Den Leuten vor Ort ist sie egal. Genauso egal sind ihnen die Gefühle der indianischen Goldschmiede, die nun alles das zerstören müssen, was sie vorher kunstvoll angefertigt hatten.

Die Gegenstände verlieren die handwerkliche Zier und den kreativen Zauber. Das Gold wird seines Schmuckes beraubt und dient nur noch als reines Zahlungs- und Machtmittel. Becher, Kannen, Teller, Vasen, Nachahmungen verschiedener Tiere und Pflanzen oder Platten zur Bekleidung von Wänden, alles das wird eingeschmolzen und in gleich große Barren verwandelt. Die Goldschmiede benötigen vierunddreißig Tage für diese abstruse und gewaltige Arbeit. Nachdem alles gewogen und erfasst ist, wird die Beute auf der Plaza verteilt. Eine Beute, die nach heutigem Wert einer Summe von dreißig Millionen Deutsche Mark entspricht.

Atahualpa denkt, er könne nun seine Freiheit verlangen. Aber Pizarro hebt einfach den Vertrag, den er seinerzeit mit ihm geschlossen hat, auf, und lässt, in einer eigens angefertigten Urkunde, erklären:

Wir, Francisco Pizarro, durch die Gnade Gottes und durch die Gnade seiner allerchristlichsten Majestät des Kaisers, Statthalter von Peru, befreien hiermit den Häuptling der Indianer, Atahualpa, von der Entrichtung eines weiteren Lösegeldes. Zugleich erklären wir offen, dass es unsere Sicherheit erheischt, den Inka so lange gefangen zu halten, bis wir weitere Verstärkungen erhalten haben.

Aber das ist noch nicht alles, was Pizarro für Atahualpa in petto hat. Die Gerüchte über große Truppenbewegungen der Inkas verdichten sich. Die Rede ist von einem gewaltigen Heer, das in dem Geburtsland Atahualpas, in Quito, aufgestellt wird und einem weiteren, das in Guamachucho steht, mit dessen Angriff sogar schon in den nächsten Tagen gerechnet werden muss. Guamachucho wird ausgespäht, und in der Tat: Dort braut sich etwas zusammen. Eine riesige Streitmacht, ein mächtiges Heer scheint sich zu versammeln. Das Lager Pizarros wird in Alarmbereitschaft versetzt. Die Wachen sind verdoppelt, die Pferde gesattelt und aufgezäumt, alles ist auf einen plötzlichen Angriff vorbereitet. Inzwischen berät Pizarro mit seinen Hauptleuten Tag und Nacht die schwierige Lage. Immer häufiger wird der Tod des Inkas gefordert. Aber, wie soll das geschehen?

Im Rahmen eines Sozial- und Gesellschaftssystems gelten Regeln. Eine dieser Regeln ist diejenige, dass ein Verstoß gegen die Regeln eine Strafe nach sich zieht. Eine weitere Regel besagt, man dürfe nicht töten. Täte man es dennoch, würde dieses, entsprechend der Regeln, bestraft. So muss der Wunsch, Atahualpa zu töten, mit den Regeln des Gemeinwesens, innerhalb dessen sich die Spanier auch in Peru bewegen, mit dem Gesetz kollidieren, dem Gesetz, das einen Menschen, der tötet, bestraft. Also kann man nicht, womöglich gar Pizarro selbst, einfach hingehen und dem Inka die Kehle durchschneiden. Das geht auf keinen Fall. Aber die Regeln der Spanier, jedenfalls fassen sie das so auf, sind auch auf die Indios anzuwenden. Das ist rechtlich nicht ganz so klar, wie es sich anhört. Für Pizarro aber kann es gar keine andere Auffassung geben. Für ihn ist Peru ein Teil der europäischen Krone, und er deren Statthalter.

Wenn aber diese Regeln in Peru gelten, dann hat Atahualpa womöglich dagegen verstoßen. Wer, wie Pizarro, in seiner Logik soweit gekommen ist, der braucht sich den Inka nur genau anzusehen, und so wird zusammengestellt, was er alles auf dem Kerbholz haben könnte. Es kommt einiges zusammen: Hat er sich nicht die Krone widerrechtlich, das heißt, mit Gewalt angeeignet? Hat er nicht den Befehl gegeben seinen Bruder zu ermorden? Hat er nicht kürzlich in Cusco seiner gesamten Sippschaft den Garaus gemacht? Hat er sich nicht, als Kind der Sonne, göttliche Verehrung angemaßt? Hat er nicht die Einkünfte des Reiches verschwendet und an seine Günstlinge verteilt? Hat er sich nicht des Götzendienstes schuldig gemacht, der Vielweiberei und hat er nicht einen Aufstand gegen die Spanier angezettelt? Hat er also nicht nur eine, sondern gar acht Regeln verletzt? Ja, das hat er! Warum ihn also nicht anklagen?

Dass Atahualpa unrecht gehandelt haben soll, ist ihm – das können wir unterstellen – aus seinem Rechtsverständnis neu. Wie soll er sich verteidigen? Wie kann er sich entlasten, wie die Anklage erschüttern, wie kann er davonkommen? Wie soll er beispielsweise den Vorwurf des Götzendienstes entkräften? Was ist das überhaupt? Götzendienst? Das Wörterbuch definiert den Götzen als einen aus der lutherischen Bibelübersetzung stammenden Begriff, der soviel wie "falscher Gott" bedeutet, weiterhin heißt es, er sei *eine Sache (von nur materiellen Wert), die in abzulehnender Weise von Menschen als höchstes zu erstrebendes Ziel angesehen wird...*

Der Begriff stammt also aus der Bibel, die Atahualpa nicht kennt. Weshalb er auch den Christengott nicht kennt, und deshalb nicht auf die Idee verfallen kann, die Sonne, die er anbetet, sei nur von materiellem Wert, denn darauf läuft der Vorwurf hinaus.

Ohne die Sonne und deren exaktem Abstand zur Erde, würde kein Leben auf unserem Planeten existieren. Die Inkas verbinden mit dieser offensichtlichen Lebensquelle heilige, göttliche Energie. Die Christen dagegen sind sich sicher, dass das Leben auf diesem Planeten nicht aus der Kraft der Sonne hervorgeht, sondern von Gott geschaffen wurde. Im Rechtssystem der europäischen Eroberer ist daher die Sonne, wir mögen es wenden und definieren wie wir wollen, ein falscher Gott. Dass Atahualpa das nicht wusste, hilft ihm nicht. Unkenntnis schützt, auch dies entspricht dem europäischen Rechtssystem, nicht vor Strafe. Hat der Inka zugegeben, die Sonne anzubeten? Ja! Ist die Sonne ein Götze? Ja! Also ist Atahualpa in diesem Punkt schuldig, im Sinne der Anklage.

Wenden wir uns einem weiteren Anklagepunkt zu: Es heißt, Atahualpa habe sich die Krone unrechtmäßig angeeignet. Nun, die Welt ist, im Laufe ihrer Menschheitsgeschichte, voll von Herrschern, die unrechtmäßig Krone oder Titel tragen. Auch ist sie voll davon, dass diese, von Stärkeren besiegt, anschließend Tod oder lebenslangen Kerker erleiden. Ob Krone und Titel dem Inhaber rechtmäßig zustehen, ist daher abhängig vom Blickwinkel des

Betrachters. In Europa ist der Kaiser seit Jahren dabei, zu klären – mit Waffengewalt versteht sich – wer rechtmäßig auf dem Thron Frankreichs sitzt. Mal ist der Papst auf Seiten des Kaisers, mal auf Seiten der anderen. Was also ist rechtmäßig, und wer hat welche Titel wie erworben? Atahualpa hat einen Teil der Macht von seinem Vater übertragen bekommen. Das aber entsprach nicht den Nachfolgeregelungen bisheriger Inkas. War das schon rechtswidrig? Dann hat er sich den zweiten Teil angeeignet, weil ihn sein Halbbruder, dem nach inkaischen Recht die alleinige Thronfolge zugestanden hätte, entmachten wollte. Notwehr oder unrechtmäßige Aneignung eines Titels? Und was ist mit den Spaniern? Wie sind die zu ihrer Macht in Peru gekommen? Aber diese Fragen können Atahualpa nicht helfen. Gefragt ist hier nur der Standpunkt der Europäer. Aus ihrer Sicht hat Atahualpa seinen Bruder rechtswidrig gefangengenommen. Aus diesem Grunde ebenfalls schuldig.

Was ist mit der Anklage, den Befehl zur Ermordung seines Halbbruders gegeben zu haben? Vieles spricht dafür, dass es so gewesen sei. Nur, bewiesen ist es nicht. Anders verhält es sich mit dem Vorwurf, Atahualpa habe die gesamte Verwandtschaft seines Bruders ermordet. Allein dieser Punkt ist so gravierend, dass er vor jeder Jury zu einem Schuldspruch ausgereicht hätte, und ein Todesurteil ist schnell gesprochen.

Mit Atahualpa sitzt gewiss kein unschuldiges Lamm auf dem Inkathron. Trotzdem befremdet das Todesurteil, denn der Prozess ist teleologisch geführt worden, und das Ziel ist: Atahualpa loszuwerden. Das haben Augenzeugen berichtet und das ergibt sich auch daraus, dass von einem Prozess, von Vorwürfen oder einer Anklage, solange nichts zu hören war, wie Atahualpa gebraucht wurde, solange nämlich, bis genügend Gold herangeschafft war.

Dass sich die Spanier über ihre Vorgehensweise selbst nicht sicher sind, zeigen die unterschiedlichen Auffassungen des Gerichtshofs. Einige meinen, man möge den Inka nach Europa bringen, und ihn dort vor Gericht stellen. Sie argumentieren, das hier eingesetzte Tribunal besitze keine Befugnis, ein Urteil zu sprechen. Andere wollen den Kaiser durch einen Boten unterrichten lassen und dessen Urteil abwarten. Aber damit verlöre Pizarro nur Zeit. Er lässt abstimmen. Von den zwanzig Mitgliedern des Gerichts sprechen sich nur zwölf für einen Urteilsspruch aus. Der Rest stimmt dagegen. Aber diese

Mehrheit reicht Pizarro. Das Urteil lautet: *Der Inkahäuptling Atahualpa wurde in allen acht Punkten der Anklage schuldig befunden. Das Urteil lautet, dass Atahualpa auf dem großen Platze von Cajamarca lebendig verbrannt wird. Das Urteil ist sofort zu vollziehen.*

Es ist der 26. Juli 1533. Als Atahualpa das Urteil hört hat, bricht er zusammen. Damit hat er nicht gerechnet. Schon die Gefangenschaft hat er sich nicht erträumt, aber, gut. Dass er, trotz der vertraglichen Vereinbarung, nicht freigelassen wird, hatte er nicht erwartete, aber, gerade noch erträglich. Doch nun, der Tod? Nein, den Tod will er nicht. So fleht und jammert er um sein Leben. Mit Tränen in den Augen, bietet er noch mehr, bietet das ganze Gold des Landes an, wenn Pizarro ihm das Leben ließe. Aber, das Urteil ist gesprochen.

Begleitet von Trompetenschall wird das Urteil auf der Plaza verlesen. Zwei Stunden nach Sonnenuntergang – die gesamte spanische Streitmacht hat sich versammelt – wird Atahualpa, im Schein der Fackeln, zum Richtplatz geführt. Neben ihm geht der derselbe Mönch, der ihm vor gut einem knappen dreiviertel Jahr auf der Plaza allein gegenüberstand. Er tröstet den Verurteilten und bemüht sich, ihn,

Atahualpa, in dessen letzter Stunde zum wahren Glauben zu bekehren. Als der Inka an den Pfahl gebunden wird, und die aufgeschichteten Holzbündel entzündet werden sollen, hält der Mönch dem Verurteilten noch einmal das Kreuz entgegen und fordert: „Umfasse es, lasse dich taufen, und wenn du das tust, bleibt dir der qualvolle Tod, zu dem du verurteilt bist, erspart."

Angstvoll schwört Atahualpa daraufhin seinem Irrglauben ab, und der Mönch tauft ihn auf den Namen Juan de Atahualpa. Wir wissen nicht, ob der Inka geglaubt hat, wenn er sich zum Christentum bekenne, könne er dem Tod entgehen. Versprochen ist ihm das vom Benediktinermönch nicht. Der hat nur davon gesprochen, das Atahualpa der *qualvolle* Tod erspart bliebe, womit der Tod durch Verbrennen bei lebendigem Leibe gemeint ist. Als Katholik hat der Inka etwas weniger Qualvolles verdient, und das ist – jedenfalls nach christlicher Auffassung – die Garrotte. Es handelt sich bei dieser Vorrichtung um eine Schlinge, die um den Hals gelegt wird, und an deren hinterem Teil ein Stock befestigt ist. Durch das Umdrehen des Stocks wird die Schlinge zugezogen. So geschieht es und Juan de Atahualpa erstickt.

Wer einen solchen Führer, einen Herrscher, der als Kind der Sonne, von göttlicher Abstammung ist, wer solch eine Gestalt öffentlich hinrichten kann, den muss ein stärkerer Gott führen. Für die Indios stürzt eine Welt zusammen. Anarchie bricht aus. Dörfer gehen in Flammen auf, Tempel und Paläste werden verwüstet. Die Bevölkerung legt das Joch des toten Herrschers ab und gibt sich größten Ausschweifungen hin. Aufruhr überzieht das Land, und in vielen Teilen Perus formiert sich in diesem Krawall Widerstand gegen die Eroberer. Pizarro erwägt daher, für den toten Atahualpa einen Nachfolger zu bestimmen. Sein Blick fällt auf einen jungen Prinzen mit Namen Toparca. Bei den Krönungsfeierlichkeiten ist es Pizarro selbst, der die Stirn des Auserkorenen mit der Borla schmückt. Anfang September verlässt ein starkes spanisches Heer, inzwischen aus fünfhundert Soldaten Fußvolk und weiteren vierhundert Reitern bestehend, die Stadt Cajamarca. Der junge neue Inka muss sich dem Zug anschließen. Anfangs geht alles gut, aber dann kommt es doch zu einigen Scharmützeln und Widerständen, deren Höhepunkt der Tod des jungen Inka ist. Keine zwei Monate nach den Krönungsfeierlichkeiten, wird er vergiftet aufgefunden. Er galt dem eigenen Volk als Verräter. Pizarro hatte erwartet, mit der Installation eines Herrschers von seinen Gnaden, das Land befrieden zu können. Mit dem Meuchelmord zerbricht diese Hoffnung.

Aber nicht lange muss Pizarro sich darüber grämen. Die Hintermänner des Attentats werden schnell gefunden und hingerichtet, womit der flüchtige Widerstand gebrochen und der Weg frei ist. Man ist nur noch zwei Tagesmärsche von Cusco entfernt, da erscheint, mit prunkvollem Gefolge, ein weiterer Inka-Edelmann. Es ist der junge Prinz Manco, ein Bruder Huáscars, und, wie sich herausstellt, der einzig übriggebliebene rechtmäßige Thronerbe.

Zu Pizarros Freude erklärt der Prinz, den Eindringlingen keinerlei Widerstand entgegensetzen zu wollen, sie vielmehr im Lande willkommen zu heißen und zu unterstützen. Allerdings beanspruche er für sich den Thron. Pizarro zögert, nimmt Prinz und Gefolge erst einmal auf, und gemeinsam erreichen sie die Hauptstadt.

Cusco. Glanzvoll schmiegt sich die märchenhafte Stadt etwa dreitausendfünfhundert Meter über dem Meeresspiegel an einen flachgeneigten Berghang. Für die Inkas ist sie der Nabel der Welt, der Mittelpunkt ihres Reiches, das politische, religiöse und kulturelle Zentrum. Die Straßen sind schmal und steingepflastert. Hinter hohen Mauern verbergen sich Höfe, Häuser und Vorratslager. Die mit feinem Kiesel bestreute Plaza ist über sechshundert Meter lang und von prunkvollen Gebäuden umgeben.

Die Prachtbauten sind bunt bemalt, die Tore aus Marmor meisterhaft verziert und die Dächer mit kunstvoll geflochtenem Stroh bedeckt. Die beiden Flüsse, die das Stadtgebiet durchschneiden, sind von zwölf aus Stein gefertigten Brücken überspannt. Aquädukte sorgen für die Wasserversorgung.

Zwanzigtausend Menschen leben im Zentrum der Stadt.

Genauso beeindruckend wie die Stadt, ist der Reichtum, der sich in Mengen von Gold, Silber und Edelsteinen präsentiert. Alles wird sofort konfisziert. Nachdem auch hier die wertvollen Gebrauchsgegenstände und Schmuckstücke eingeschmolzen worden sind, erhalten alle Spanier das vierfache dessen, das ihnen in Cajamarca bereits ausgehändigt wurde.

Danach fahren einige Spanier heim. Sie haben genug. Es zieht sie nach Haus. Die Mehrzahl aber bleibt, wie Pizarro, im Land, und hofft auf noch größeren Gewinn. Das Leben in Cusco ist für die Spanier vorerst paradiesisch. Nach den mühsamen Märschen, in denen so vieles entbehrt wurde, wird Versäumtes nachgeholt. Auch die einheimische Bevölkerung hält sich nicht zurück. Nacht um Nacht, bis zum Morgengrauen, tanzt und feiert die ganze Stadt. Viele der Eroberer geben sich dem Glücksspiel hin und manche verspielen in einer Nacht alles, verspielen den ganzen Anteil ihrer Beute.

In der gelösten Atmosphäre, die in Cusco herrscht, beschließt Pizarro, dem jungen Prinzen Manco dessen Wunsch zu erfüllen, und ihn mit der Borla zu schmücken. Daraufhin erhebt sich großer Jubel unter der Bevölkerung. Die Krönung gibt Anlass für weitere Feiern und Lustbarkeiten, für Festlichkeiten, die sich tagelang hinziehen.

Peru ist erobert, auch wenn einzelne Stämme, im Inneren des Landes, den Spaniern noch kleinere Gefechte liefern. Aber das ist bedeutungslos. Die großen Heere sind geschlagen oder verstreut. Ihre Anführer, allen voran Atahualpa, sind tot. Mit Manco hat Pizarro einen willfährigen Inka auf dem Thron. Aber, wie wir noch erleben werden, ist dies nur Schein. Noch einmal werden die Inkas sich erheben. Einmal noch, und Manco wird sie führen. Vorerst allerdings herrscht Ruhe.

Pizarro ist am 15. November 1533 in Cusco einmarschiert. Das ist auf den Tag genau ein Jahr, nachdem er in Cajamarca einzog und fast auf den Tag genau neun Jahre, nachdem er sich erstmalig Richtung Peru auf den Weg machte.

Es ist immer die Zeit des Skorpions. Die Zeit des Sternzeichens, dem die Zerstörung des Bestehenden zugesprochen wird. Des Zeichens, das vom Planeten Pluto regiert wird. Pluto, der Herr der Finsternis. Bezeichnend also wieder der November. Nach nicht einmal zehn Jahren, ist Pizarro Herrscher über das sagenhafte Goldland, das damals für viele nur eine Illusion war. Nun gebietet Pizarro über das El Dorado, an das er immer geglaubt hatte, gebietet über Peru. Seinen großen Traum hat er erfüllt. Hat ihn erfüllt mit Hinterhältigkeit, Mord und Plünderung, aber auch mit Ausdauer, Fleiß und Entschlossenheit. Pizarro hat alles zerstört und das Reich der Inkas entwickelt sich langsam zu einem Schattenreich, denn neben Millionen, die ihr Leben hingaben oder noch hingeben werden, verloren die Überlebenden ihre Freiheit. Der Inka-Gott, die Sonne, hat den Platz für Pluto geräumt, und ist nie wieder zurückgekehrt.

Wer heute die Slums um die neue Hauptstadt Lima herum sieht, die endlosen Reihen tiefgebückter, staubiger Hütten aus Lehm, Karton und Pappe, ohne Wasser und Kanalisation, umgeben vom Abfall der Bewohner, wer in Lima selbst, wenige Gehminuten von Hotels der internationalen Spitzenklasse entfernt, im Unrat liegende Obdachlose beobachtet, verfallene Häuser und Straßen, wer die vorsintflutlichen Verkehrssysteme erblickt, kann deutlich sehen, wie das einst blühende Land ausgebeutet wurde. Nicht Pizarro allein ist dafür verantwortlich, und wäre er es nicht gewesen, hätte es einen anderen gegeben, der damit begonnen hätte. Das System ist es, und Pizarro gibt ihm Gestalt und Namen. Das System tötet Ungläubige, beutet Länder aus und missbraucht Menschen. Das System, das sich selbst, soziologisch, politisch und religiös, in den Mittelpunkt der Welt stellt.

Das System sind Gesellschaften, wie die Länder Portugal und Spanien und die katholische Kirche, die im Juni 1494 im erwähnten Vertrag von Tordesillas, die Welt unter sich aufteilen. Spanien ist zu der Zeit Teil des Kaiserreichs. Während in Europa die alten Religionsstrukturen aufbrechen – Kaiser Karl V. muss sich mit Luther auseinandersetzen – kann die katholische Kirche in den neu entdeckten Ländern ohne reformatorische Behinderungen agieren.

Das System dieser Kirche, und damit auch das, der ihr folgenden weltlichen Mächte, basiert auf einer Mythologie die einer kleinen Volksgruppe aus Vorderasien entstammt. Mythologien sprechen in Metaphern, in Bildern. Noch weniger als heute, konnten die
Menschen früher die Wunder des Seins plausibel erklären, und, wenn etwas Anschauliches fehlt, muss auf volkstümliche Bilder und Begriffe des

Lebens zurückgegriffen werden. Es gibt unzählige Erklärungsversuche oder Mythologien in unserer Welt, in der wir die bildhafte Sprache finden können. Der katholischen Kirche und der ihr folgenden Systeme gelten Bilder und Begriffe einer einzigen dieser Mythologien als wahrhaftig. Einer Mythologie, die bildhaft zu erklären versucht, wie alles entstand, warum und weshalb es Himmel und Erde gibt, Mond und Sterne, Geburt und Tod. Diese Bilder für wahrhaftig zu halten, überlagert die mythologische Mystik, die mit den Bildern verbunden ist, und aus der sich das Heilige des Seins herleitet. Eine Religion, die mystisches Erleben opfert und stattdessen dogmatische Wahrheit verbreitet, reduziert sich auf sich selbst und ist in ihrer eigenen Wahrheit gefangen. Sie strebt nur noch nach der Macht, ihre Einsicht durchzusetzen und weist das Seelenheil der Menschen ihrer eigenen Lehre zu. Sie unterbindet damit das mystische Entdecken des Heiligen, des Höchsten, oder, anders ausgedrückt, von Gott. Die Kirche *verlangt* an Gott zu glauben. Dieses Verlangen lässt die Menschen leiden, die uneinsichtig sind. Dieses Verlangen hat die Indios geknechtet und getötet.

Pizarro ist die Aufgabe zugefallen, alles durchzusetzen, was im Vertrag von Tordesillas geregelt ist: *Das Land dem Herrscher, die Seelen dem Papst.* Diesen Auftrag zu besorgen, befriedigt er sein eigenes Verlangen. Befriedigt seine Gier nach Gold und Reichtum und erfüllt seinen Traum von Ansehen und Bedeutung.

So zufrieden gestellt, sollte er glücklich sein. Aber, ist er das? Das Verlangen ist immer auf ein ganz bestimmtes Ziel gerichtet. Ein Ziel, das einen Mangel beseitigt. Mit dem Erreichen des Ziels, wird erwartet, das Glück würde sich einstellen. Tatsächlich aber wird nur der Mangel behoben, und wenn dieser gravierend war, mag sich Glück einstellen. Aber, gleichzeitig wird offensichtlich, dass der Weg zu Ende ist. Man sitzt da, genießt die Früchte des erreichten Ziels, aber es wird offenkundig, dass ein Vakuum entstanden und anstelle des bisherigen Handels getreten ist. Dieses Vakuum auszufüllen, etabliert ein neues Verlangen.

Pizarro war völlig mittellos in die Neue Welt aufgebrochen. Sein ganzes Sehnen war darauf gerichtet, das zu verändern und diese Gelegenheit bietet sich, als er von dem sagenhaften Goldland hört. Das Verlangen, dieses Land zu erobern, änderte sein Leben. Er ist zu einem furchtlosen und scharfsinnigen Führer geworden.

Seine Charaktereigenschaften können sich entfalten. Er erreicht etwas, das nicht viele andere auf gleiche Weise erreicht hätten. In ihm sind die Potentiale vorhanden, die ein Eroberer braucht, und er hat die Chance ergriffen, diese Kräfte zu nutzen, als sie sich ihm bot. Das Land ist erobert. Pizarro besitzt das Vermögen, das er begehrte. Er hat die Macht und das Ansehen, das er erträumte. Er will es behalten, will es sichern. Außerdem möchte er seine neue Macht ausbauen. Möchte dem Land seinen Stempel aufdrücken.

Es bleibt nur kurze Zeit, tatenlos zu genießen, was erreicht wurde. Nur ein eiliger Moment, glückselig den Sieg auszukosten, ein flüchtiger Augenblick, behaglich im Reichtum zu schwelgen. Auch die schöne Halbschwester des gefangenen Atahualpas, "Inés" Huaylas Yupanqui, die dieser seinem Bewacher anbietet, vermag es nicht, dessen Sinne zu ändern. Das Angebot indes nimmt Pizarro an. Er macht die Königstochter zu seiner Gefährtin. Zwei Kinder wird er später mit ihr haben: eine Tochter, Francisca, und einen Sohn, Gonzalo. Auch mit der Prinzessin "Angelina" Añas Yupanqui setzt Pizarro zwei weitere nichteheliche Kinder in die Welt. Selbst wenn diese Angaben darauf hindeuten, dass Pizarro diese Früchte des Landes genossen hat, steht ihm der Sinn nicht nach entspannter Lust und Ruhe. Nein, sein Verlangen ist darauf gerichtet, seine eigene neue Welt zu gestalten. Dies Verlangen ist anstelle des früheren getreten, und es treibt ihn mit demselben Elan voran, wie bisher die Gier nach Gold und Reichtum. Dieses neue Verlangen kaschiert er mit der Pflicht des Amtes, die den Endfünfziger zwingt, weiterzumachen, immer weiter, weiter und weiter.

Anfangs bescheint diesen Weg noch strahlender Sonnenschein, aber bald ziehen erste Wolken auf. In ihrem Gefolge werden sich Gewitter erheben, deren Blitze aus dem aufgeschichteten Haufen von Neid, Missgunst und Eifersucht ein Feuer entfachen werden. Ist ein solches Feuer aber erst einmal entzündet, wird es schwer, die Flammen wieder zu löschen. Dann besteht die Gefahr, das alles verbrennt.

Als erstes kümmert sich Pizarro um eine neue Hauptstadt. Die bisherige, Cusco, in den Bergen in über dreitausendvierhundert Meter Höhe, ist schwer zugänglich. Die kleine spanische Niederlassung San Miguel, die erste Stadtgründung Pizarros, befindet sich zu weit im Norden. Außerdem greifen dort immer wieder ungeheure Scharen von Ameisen an, dringen in die Häuser und vertilgen alles, worauf sie stoßen. Daher entscheidet Pizarro sich für ein fruchtbares Tal, mit der Ortschaft Rimanc. Die Ansammlung weniger Häuser und eines berühmten Tempels liegt an einem breiten Fluss, der bald das Meer erreicht. Das Klima ist angenehm. Winde, die vom Meer oder von den Bergen her wehen, mildern die Hitze. Außerdem sind alle Landesteile von hier aus bestens zu erreichen. Am Dreikönigstag des Jahres 1535 wird der Grundstein gelegt, und die neue Stadt zu Ehren der drei Könige aus dem Morgenland, auf den Namen Ciudad de los Reyes getauft. Dieser Name setzt sich aber nie durch. Stattdessen wird der Name Rimanc von den Spaniern in Lima verdreht, und unter diesem Namen kennen wir heute die Hauptstadt Perus.

Während in Lima für die Plaza, für Straßen und Paläste, für Kirchen und Schulen Grundsteine gelegt werden, sind die Schätze Perus in Sevilla eingetroffen. Gefäße, Figuren und Schalen aus purem Gold, Schmuck und Edelsteine füllen das Zollhaus. Ein unermesslicher Reichtum. Die Menschen strömen herbei, um diese ganze Pracht zu bewundern. Auch die Augen Kaiser Karl V. funkeln mit dem Gold um die Wette.

Der Kaiser, im ständigen Streit mit den Franzosen – zwei Kriege hat er schon geführt, den nächsten muss er fürchten – kann Gold gut gebrauchen. Das Zollhaus Sevillas stachelt sein Begehren an. Der Vertrag mit Pizarro wird erneuert und erweitert. Pizarro führt nun den Titel eines Vizekönigs, und das Gebiet, über das er befehlen soll, wird noch weiter ausgedehnt. Über Pizarro strahlt der Himmel, zumal ihm später noch der Titel eines Marquis verliehen wird.

Auch Almagro wird bedacht. Er darf den Titel eines Marschalls führen und soll das Gebiet im Süden, im Anschluss an das von Pizarro beherrschte Peru – es handelt sich dabei um das heutige Chile – erobern.

Doch für Almagro klingt das nicht verlockend. Er fühlt sich abgespeist und hintergangen. Schließlich hatte er, gemeinsam mit Pizarro, davon geträumt Peru zu erobern.

Bevor das erste Segel Wind aufnahm, versprachen sie einander, alle Ländereien, sämtliche Schätze und die kompletten Einkünfte der zu erobernden Gebiete gleichwertig unter ihnen aufzuteilen.

Proportional entfiele auf jeden von ihnen sogar mehr als vorgesehen, denn der Dritte in diesem Bunde, Fernando de Luque, erhält seine Früchte aus dieser Vereinbarung – wie auch immer sie beschaffen sein mögen – an anderer, allerhöchster Stelle, denn er ist inzwischen gestorben. Almagro jedoch ist noch auf hiesige Werte angewiesen. Er macht sie geltend. An Pizarros Sommerhimmel tauchen erste kleine Wölkchen auf. Kaum bemerkbar. Noch wenig störend. Wer aber mit den Gewalten vertraut ist, weiß, dass auch unbedeutende Störungen zu schwerem Wetter führen können.

Seit ihrem Streit an der Mündung des Rio San Juan beäugen sich Pizarro und Almagro misstrauisch. Schwer liegt Almagro noch der
Er selbst zweifelt bereits daran. Seine Enttäuschung ist daher – selbst für Pizarro – verständlich. Obwohl Pizarro mit großer Machtfülle ausgestattet ist, kann er Almagro von dem Auftrag, Chile zu erobern, nicht freisprechen. Schließlich stammt dieser Befehl direkt vom Kaiser. Pizarro kann jedoch Almagro an einem Teil jener Macht und jenes Reichtums teilhaben lassen, den er, Pizarro, besitzt. Der Geist der alten Freundschaft wird beschworen und beide schließen einen neuen Vertrag. Nicht wie damals,

als sie nur zwei Glücksritter waren. Nein, jetzt bekräftigen der Vizekönig des Pflanzstaates Neu-Kastilien, wie der offizielle Name Perus nun lautet, und der Marschall von Neu-Toledo, dem heutigen Chile, ihre Freundschaft.

Die beiden Ritter, wie es in dem Vertrag heißt, versichern sich, ohne Wissen des anderen, keinen Kontakt zur Krone aufzunehmen und vereinbaren erneut, Kosten und Gewinn zukünftiger Unternehmungen zu teilen. Außerdem erhält Almagro den Oberbefehl über die Stadt Cusco, den er auch behalten soll, wenn er Neu-Toledo erobert. Der Vertrag wird vor Gott geschlossen, ein Eid auf die Hostie wird abgelegt und eine Messe gelesen. Scheinbar ist alles wieder in bester Ordnung. Aber Almagro ist nicht wirklich befriedigt. Wie sollte er auch? Er wollte als Statthalter ein zweihundert Meilen großes Gebiet regieren, das sich südlich an das von Pizarro beherrschte anschließt. Der spanische Hof bestätigt Almagro die zweihundert Meilen auch. Allerdings wird gleichzeitig Pizarros Herrschaftsbereich um weitere siebzig Meilen vergrößert, so dass sich die bisherige Hauptstadt Cusco, entgegen Almagros Wünschen, plötzlich wieder auf dem Gebiet Pizarros befindet. Auch wenn nicht nachweisbar ist, dass Pizarro dahinter steckt, nagt in Almagro der Argwohn, wieder einmal benachteiligt zu sein. So erkennt er den von Pizarro übertragenen Oberbefehl über die Stadt Cusco nur zwiespältig als Entschädigung an.

Die neue Hauptstadt Lima geht, mit ihren stattlichen Gebäuden und den prachtvoll angelegten Gärten, langsam ihrer Vollendung entgegen. An der Küste entstehen weitere Siedlungen. Während sich Pizarro damit beschäftigt, sein Reich zu festigen, rumort es erneut im Land. Die Indios wähnen die Zeit für einen Aufstand günstig, denn die Spanier sind weit über das Land verteilt. Außerdem hat Almagro, der gerade gegen Chile zu Felde zieht, Cusco ungesichert zurückgelassen.

Der junge, von Pizarro eingesetzte, Inkaherrscher Manco, hört die Stunde schlagen, in der er die Maske des unterwürfigen Gefolgsmannes der Spanier fallen lassen kann. Nun zeigt er sein wahres Gesicht und setzt sich an die Spitze der Konterrevolution.

An einem frühen Maienmorgen des Jahres 1536 in Cusco, mögen die Spanier, nachdem sie aus ruhigem Schlaf erwachten, ihren Augen kaum trauen: Ein Heer von fast zweihunderttausend Mann steht vor der Stadt. Zweieinhalb Jahre sind vergangen, seit Pizarro Cusco eroberte, und nun, soweit das Auge reicht, überall Helmbüsche und wehende Fahnen eines Gegners, den keiner mehr ernst genommen hatte. Aber die, in den Strahlen der aufgehenden Sonne, blinkenden Lanzen und Streitäxte dämpfen jeden Zweifel: Es wird ernst. Ein solches Heer hat sich den Spaniern bisher noch nie entgegengestellt. Lange gefackelt wird auch nicht: Kaum ist die Sonne aufgegangen, entfachen die Inkas mit Hohlmuscheln, Trompeten und Trommeln einen Höllenlärm. Wildes Kriegsgeschrei mischt sich ein. Dann fliegen brennende Pfeile in die Stadt, fallen auf die Strohdächer und setzen sie in Brand. Bald brennt Cusco lichterloh. Dächer und Holzhäuser stürzen ein. Flammen, mit dichtem Rauch vermischt, wachsen hoch in den Himmel. Hitze und Qualm sind unerträglich.

Nur auf der großen Plaza ist, im Gegensatz zu den schmalen Straßen, noch Luft zum Atmen. Dort versammeln sich die Spanier. Mehrere Tage hindurch wütet das Feuer: Türme, Tempel, Hütten, Paläste, alles wird ein Raub der Flammen, nichts hält stand.

Löscharbeiten sind völlig sinnlos. Mehrmals versuchen die Spanier einen Ausfall, um die Feinde zu stellen. Aber die herabgefallenen Balken und der überall verstreute Schutt lassen es nicht zu. Beseitigen die Soldaten am Tage die Trümmer, schlagen die Indios des Nachts dicke Pfähle in die Wege und behindern die Eingeschlossenen erneut. Selbst wenn einmal ein Ausfall gelingt, bei dem die Spanier, dank ihrer überlegenen Waffen, alles niedermetzeln, was sich ihnen in den Weg stellt, nützt das wenig. Indio um Indio sinkt zwar, in Stücke geschlagen, von Lanzen durchbohrt, zu Boden, doch es hilft nichts. Es sind zu viel. Die Stadt bleibt belagert.

Monate vergehen. Hunger bemächtigt sich der Eingeschlossenen. Keine Nachricht oder Hilfe aus anderen Landesteilen erreicht die Stadt. Das lässt vermuten, dass auch dort gekämpft wird, und in der Tat erheben sich die Indios im ganzen Land. Aber die Lage ist nur in Cusco so verzweifelt.

In den Ebenen sind die Reiter überlegen. Ihnen haben die Aufständischen nichts entgegenzusetzen. Mit Pizarro an der Spitze schlagen die Spanier dort den Aufruhr schnell und blutig nieder. Die umliegenden Berge aber beherrschen die Indios und versperren die Pässe für den Nachschub nach Cusco.

Pizarro hat zu wenig Soldaten, um den Eingeschlossenen von Cusco beizustehen. Er entsendet daher alle Schiffe, mit dem Auftrag Hilfe zu holen, nach Panama, Nicaragua, Guatemala und Mexiko. Als die Verstärkung eintrifft, hat sich die Lage um Cusco allerdings bereits entspannt. Nachdem die Stadt monatelang ununterbrochenen belagert wurde, schwinden nun auch den Indios die Vorräte. Außerdem ist jetzt Pflanzzeit, und wenn diese nicht genutzt wird, bringt die ganze Belagerung nichts. So löst der neue Inkaherrscher den größten Teil des Heeres auf und befiehlt seinen Kriegern nach Hause zu gehen, befiehlt, die Feldarbeit aufzunehmen, und befiehlt, nach getaner Arbeit zurückzukommen. Da sich inzwischen die in Lima eingetroffene Verstärkung auf den Weg nach Cusco macht, scheint es nur noch eine Frage der Zeit, bis Pizarro – der in Lima verbleibt – durch seine Leute wieder die Oberhand in der Stadt und der Umgebung gewinnen würde.

Indessen überschlagen sich die Ereignisse. Vierzehn Monate hat die Stadt der Übernahme standgehalten. Am 18. April 1537 jedoch, in einer stürmischen und finsteren Nacht, wird sie besetzt. Aber nicht, wie wir glauben mögen, durch die Indios.

Dass die Indios die Stadt überhaupt belagern können, ist nur dadurch möglich geworden, dass Almagro, mit einer großen Anzahl von Kriegern, sie verlassen hatte, um das Gebiet des heutigen Chile zu erobern. Dort, nach mühsamen Märschen, erwarten ihn aber weder Schätze und Kostbarkeiten, sondern elende Dörfer mit vom Hunger ausgemergelten Einwohnern und statt Licht oder Glanz, Schatten und Finsternis. Almagro steigert sein latentes Unbehagen ob dieses aufgezwungenen Auftrags in eine rasende Wut. In eine Wut, die dem Sinn die Klarheit nimmt, der Realität die Ordnung raubt und dem Handeln das Ziel verschleiert. Diese Wut ist es, die jetzt die Lunte entzündet, die sich unaufhaltsam auf das trockene Pulver richtet, das Almagro in den letzten Jahren der Eifersucht, Kränkung und des Ärger angesammelt hat. Gier hatte einst den Bund mit Pizarro besiegelt, Gier wird nun das Bündnis endgültig brechen.

Almagro lässt sich nicht länger für dumm verkaufen und befiehlt die Rückkehr nach Cusco. Dort trifft er auf das Heer der Indios. Es ist ungefähr fünfzehntausend Mann stark. Als die Indios Almagro entdecken, greifen sie sofort an.

Ihr zahlenmäßiges Übergewicht lässt sie siegesgewiss, laut schreiend auf die Spanier einstürmen. Diese aber, entschlossen sich nicht noch mehr demütigen lassen, als sie sich ohnehin schon fühlen, durch den Marsch in das Hungerland, schlagen wütend auf die Indios ein, und metzeln sie gnadenlos hin. Wieder zeigt sich, wie überlegen die Europäer sind, mit ihren Pferden, den gepanzerten Rüstungen, den neuzeitlichen Waffen. Ein paar hundert Mann reichen aus, tausende Indios zu töten, und die Belagerung von Cusco zu beenden.

Aber Almagro hat nicht nur im Sinn, die Stadt von der Belagerung durch die Inkas zu befreien. Nein, er will Cusco für sich erobern und die Eroberung soll nur der Beginn sein, sich über ganz Peru zu erheben. Almagros Wut, von scharfem Neid auf Pizarro begleitet, vermag nicht mehr zu differenzieren.

So kommt es, dass die Statthalter und Offiziere Pizarros, obwohl befreit von den Indios, trotzdem, in Ketten gelegt, das Gefängnis bevölkern.

Als die von Pizarro ausgesandte Streitmacht, die eigentlich den Belagerten helfen sollte, eintrifft, fordert Almagro sie auf, ihn als neuen Herrn anzuerkennen. Aber die Truppe folgt ihm nicht, und so stehen sich – erstmals seit der Eroberung Perus –

zwei Heere gegenüber, die beide spanischer Nationalität sind. Das Feuer breitet sich aus.

Almagro geht als Gewinner aus der Auseinandersetzung, die nicht sehr heftig geführt wird, hervor. Der Gegner ergibt sich schnell. Pizarro, der in Lima von dem unglücklichen Vorfall, der seine Stellung gefährdet, erfährt, muss mit dem Schlimmsten rechnen. Muss damit rechnen, das Almagro – und in der Tat plant der dies – zur Küste vordringen wird.

Jetzt muss Pizarro sich wehren, muss zeigen, wer der wahre Herrscher ist, und bereitet deshalb einen Feldzug gegen den abtrünnigen Freund vor. Pizarro fühlt sich inzwischen zu alt, die Truppe selbst anzuführen. Bevor es losgeht, hebt er den mit Almagro geschlossenen Vertrag auf, den Vertrag, der unverbrüchliche Freundschaft verspricht. Dann setzt er sein Heer in Gang, dem es schnell gelingt, noch bevor Almagro sie besetzen kann, die Pässe zu gewinnen. So muss Almagro sich zurückziehen, und Pizarros Truppen rücken nach.

Am 26. April 1538, einem strahlend schönen Tag, stehen sich die beiden Heere in der Ebene von Salinas gegenüber. Es kommt zu einem erbitterten Ringen. Die Schlacht währt nicht ganz zwei Stunden, in denen zweihundert Männer getötet und hunderte verletzt werden. Almagro wird geschlagen und gefangengenommen. Aber der Aufruhr dauert an. Almagros Leute versuchen immer wieder Unruhen in Cusco zu schüren, so dass ihm am 8. Juli, von den Offizieren Pizarros, der Prozess gemacht wird. Die Anklagepunkte lauten: Erstens, Almagro habe einen Krieg gegen die Krone geführt, zweitens, den Tod vieler Untertanen verschuldet und drittens, sich widerrechtlich in den Besitz der Stadt Cusco gebracht. Er wird in allen Punkten für schuldig befunden und hingerichtet.

Pizarro ist entsetzt als er von dem Todesurteil erfährt. Immer wieder murmelt er vor sich hin: „Das darf nicht sein, oh, das darf nicht sein." Jetzt, als der Verlust eines langjährigen Gefährten mehr schmerzt, als die Vernichtung eines Feindes befriedigt, wäre es vorstellbar, innezuhalten, wäre es passend, sich klarzumachen, dass Gewalt immer wieder nur Gewalt nach sich zieht, und letztlich immer nur Verlierer zurückbleiben. Aber, statt umzudenken, angesichts eines Todes, der ihm so nahe geht, verhärtet sich Pizarro. Er lehnt es ab, den Sohn Almagros, der mit Vornamen ebenfalls Diego heißt, als Nachfolger seines Vaters einzusetzen. Stattdessen verfolgt er dessen Anhänger mit gnadenloser

Härte, beschlagnahmt ihre Besitzungen und jagt sie in die Berge.

Auch die Indios spüren, dass Pizarro die ohnehin straffen Zügel noch weiter angezogen hat. Er knechtet sie zu Sklaven, nimmt ihnen ihr Eigentum und lässt sie auspeitschen, wenn sie die auferlegten Pflichten nicht befolgen. Viele verhungern, andere siechen entkräftet dahin oder werden von den Aufsehern erschlagen. Ihre Frauen sind Freiwild für die weißen Männer.

Der Inkaherrscher Manco, der sich in den Bergen versteckt, beginnt jetzt erneut an der Gewaltspirale zu drehen. Tausende strömen ihm zu. Er zerstört Pflanzungen, steckt Häuser in Brand, entführt Vieh und erschlägt Spanier, die vereinzelt, oder in kleinen Trupps unterwegs sind.

Pizarro muss wieder Soldaten aussenden, aber Manco kann sich immer rechtzeitig in die Berge zurückziehen, die er besser kennt, als die Spanier, und immer wieder schafft er es, neue Männer zu rekrutieren. Schließlich versucht Pizarro zu verhandeln. Er schickt einen Abgesandten mit Geschenken, dem jedoch, ohne das er angehört wird, sofort der Hals aufgeschlitzt wird. Jetzt ist Pizarro wieder dran. Er tobt, schreit nach Rache und lässt eine der

Frauen des Inkaherrschers, die sich unter Pizarros Gefangenen aufhält, eine junge, schöne Frau, entkleiden, an einen Baum binden, auspeitschen und anschließend mit Pfeilen durchbohren.

Der Tyrann, denn dies ist jetzt sein Name, hat sich von seiner bestialischen Seite gezeigt. Niemand wagt, ihm gegenüberzutreten, aber
viele verdammen, wenn sie allein sind, wie grausam er regiert. Das ganze Land ist freudeleer. Lange geht das nicht mehr gut. Aber der Tyrann, der Vizekönig, sieht dies nicht, oder will es nicht sehen.

In Pizarros Leben gab es nur Peru. Anfangs als Illusion, als Traum, später in der Realität, die all seine Kraft erforderte. Eine Kraft, die er gern einsetzte. Er war ein Mann von eisernen Grundsätzen, streng, gewissenhaft, pünktlich und mäßig im Essen und Trinken. Vor dem Morgengrauen war er auf den Beinen. Über seine Bekleidung, schwarzer Mantel, weißer Hut und weiße Schuhen, spottete man, er ahme Julius Caesar nach. Ungeachtet seiner fehlenden Bildung – er lernte, trotz einiger Versuche, niemals Lesen und Schreiben – war das Auftreten dieses großen, gut gebauten Mannes von vornehmer Art.

Francisco Pizarro hat sich nie ausschweifend mit den angenehmen Dingen des Lebens beschäftigt. Seinem Charakter entsprach es nicht, das Leben genießen zu wollen. Seine Passion war nicht Wein,

Weib und Gesang. Einzig das Glücksspiel pflegte er häufig und ausgiebig. Dass in diesem Zeitvertreib das Verlangen nach Gewinn durch den Einsatz materieller Güter enthalten ist, charakterisiert Pizarros Leben. Wie jeder Gewinner, den sein Erfolg über alle anderen erhebt, hat er alles auf eine Karte gesetzt, und alles gewonnen.

Einen solchen Reichtum, wie Pizarro ihn anhäufen konnte, war bisher noch keinem Abenteurer zugefallen. Alles Gold und Silber, das er erbeutete, verwendete er für Bauten neuer Städte, die er ständig gründete. Er, der Entdecker, der Eroberer, hatte sich keine einzige Pause gegönnt. Rastlos unterwarf er dieses große und wohlhabende Reich. Selbst wenn er wusste, dass er de jure nur der Statthalter des spanischen Hofes war, trat er doch de facto als Herrscher auf. Europa war weit weg. Als Vizekönig hatte er das legitime Recht, zu handeln, wie es ihm richtig erschien. Er war ruhelos, rastlos, verabscheute Faulenzerei. Er wirbelte in dem eroberten Land und wirkte in dem Neu-Kastilien, das er geschaffen hatte, als wäre es sein originäres Eigentum.

Was aber war sein gesamter Gewinn wert?

Es war ein Gewinn, der nur Pizarros Lebensträume befriedigte. Seine nichtehelichen Kinder starben ohne eigene Nachkommen, und hatten, da sie ohnehin nicht legitimiert waren, nichts vom Lebenswerk des Vaters.

Die eigentlichen Gewinner waren der Hof von Spanien und die katholische Kirche, und da, wo Sieger sind, gibt es auch Verlierer, und die sind leicht auszumachen: Die getöteten und erniedrigten Inkas mit ihrem ausgeplünderten Land.

Pizarro war trotz allem ein religiöser Mensch. Er opferte jede freie Minute für seine Religion. Oft sah man ihn stundenlang auf Knien liegen und zu Gott beten. Zu dem Gott, der die Welt in Gut und Böse eingeteilt hat, wobei Böse keine Frage der Qualität ist, sondern eine Frage der Schuld.

Danach entscheidet einzig der freie Wille, und daraus folgt, dass der Mensch Schuld für sein Handeln trage. Diese Ansicht aber verleugnet, dass der Mensch einen Charakter hat, der sein Handeln vorbestimmt.

Pizarros Charakter, das Begehren, das in der Gier nach Gold seinen höchsten Ausdruck findet, trifft zu jener Zeit, an jenem Ort, auf die Voraussetzungen, die er braucht, um die in ihm schlummernden Potentiale eines Eroberers und Abenteurers zu beflügeln.

Begehren, Gier, Leidenschaften sind womöglich in jedem Menschen angelegt. Wenn diese Eigenschaften aber ausgelebt werden, wenn der Charakter diese Potentiale nutzt, danach handelt, und sich aus diesen Handlungen Regelverstöße ergeben, dann ist dieser Mensch nicht schuldig, sondern verantwortlich.

In den ersten fünfzig Jahren nach Ankunft der Spanier in Peru soll sich die Bevölkerungszahl von etwa sieben Millionen auf Fünfhunderttausend verringert haben (richtig: nicht um, sondern auf). Nicht allein durch kriegerische Auseinandersetzungen hat sich die Bevölkerungszahl so sehr dezimiert.

Mehr noch durch eingeschleppte Seuchen, wie Pocken und Masern, und wer daran nicht starb, krepierte in der Zwangsarbeit.

Für die Krankheiten ist Pizarro nicht verantwortlich; die hätten ihr Unheil auch bei friedlichem Auftreten der Europäer angerichtet. Aber, dass Pizarro gehandelt hat, wie er es tat, das ist seine Verantwortung. Was aus diesem Handeln folgt, hätte es ohne ihn nicht gegeben. Er hätte nicht so handeln müssen wie geschildert. Dass er es dennoch tat, ist seinem Charakter zuzurechnen. Das befreit ihn zwar von Schuld, aber nicht von der Verantwortung.

Nach dem Prinzip der Kausalität, dem Gesetz von Ursache und Wirkung, ist jedes Handeln ursächlich. Wofür lässt sich oft erst sehr viel später erkennen. Wirkungen lassen sich nicht immer exakt voraussagen. Aber es gibt Tendenzen. Solange sich Pizarros grausames Regime ausschließlich gegen die Indios richtet, ist auch nur aus dieser Richtung etwas zu befürchten. Seit er sich aber auch mit seinen eigenen Landsleute angelegt hat, muss er damit rechnen, auch aus diesem Bereich gefährdet zu sein, und siehe, der Rauch des bereits entfachten Brandes ist nicht mehr zu übersehen. Aber Pizarro achtet nicht darauf, sieht nicht den Unmut seiner Untertanen. Ihm entgeht, dass das Feuer endgültig außer Kontrolle zu geraten droht.

Die Menschen sind unzufrieden mit ihrem Vizekönig und das versammelt seine Gegner. Eine besondere Gruppe gibt es, die ständig Zulauf benachteiligter Spanier erhält. Diese Menschen scharren sich um den Sohn des früheren Kampfgefährten Pizarros, um Diego de Almagro. Sie haben nichts zu verlieren. Ihnen sind alle Ämter verschlossen, von allen Anstellungen sind sie ausgeschlossen und sie leben in großer Armut. Mit dem einzigen Ziel, gegen Pizarro loszuschlagen, rotten sie sich zusammen.

An einem Sonntag, es ist der 26. Juni 1541, nähert sich eine Gruppe Männer dem Palast des Vizekönigs. Durch ein offenes Tor betreten sie den Hof. Zwei Diener stellen sich ihnen in den Weg. Den einen erschlagen sie sofort. Der andere läuft panisch davon. Ruft um Hilfe

Pizarro nimmt gerade mit Freunden seine Mittagsmahlzeit ein. Sie speisen im großen Saal. Kaum hören sie den Aufruhr, wird schon die Tür aufgerissen. Mit dem Schrei: „Tod dem Tyrannen", dringen Diego Almagro und seine Männer in den Raum.

Pizarro flüchtet in ein Nebenzimmer und versucht seine Rüstung anzulegen. Aber, ohne Hilfe gelingt das nicht. Da seine Begleiter damit beschäftigt sind, die Angreifer aufzuhalten, lässt er von der Rüstung ab, umhüllt einen Arm mit seinem Mantel und ergreift mit der Hand des anderen das Schwert. Doch es ist zu spät. Die Verschwörer dringen auf ihn ein. Pizarro zeigt auch jetzt noch großen Mut und kämpft verzweifelt. Dann, ein Stich in den Hals, er taumelt. Diese Schwäche nutzen die Eindringlinge aus. Von Schwerthieben tödlich verletzt, sinkt der Vizekönig langsam zu Boden. Die Verschwörer stürmen auf die Straßen und rufen: „Der Tyrann ist tot. Lange lebe unser Herr, der Kaiser, und sein Statthalter Almagro!"

Der junge Diego de Almagro schürt das von seinem Vater entfachte Feuer, auch nachdem Pizarro tot ist. Er selbst möchte nun die Früchte der Eroberung Perus allein genießen und bemüht sich um Anerkennung. Aber sie wird ihm – wie seinem Vater zuvor – versagt. Nur um fünfzehn Monate überlebt Diego de Almagro den Mordanschlag auf Pizarro, ohne seine hochtrabenden Machtansprüche jemals zu befriedigen. Danach flammen weitere Kämpfe zwischen den verschiedenen Fraktionen der Besatzer auf. Viele spanische Edelleute fühlen sich plötzlich ermutigt, in die Machtkämpfe einzugreifen.

Die Flammen der Auseinandersetzung um das erbeutete Reich Peru lodern noch viele Jahre zum Himmel, und verdunkeln für immer die heilige Sonne der Inkas.

Nachwort

Eine Novelle ist, so heißt es, eine kleinere, epische Prosadichtung, in der ein außerordentliches, ungewöhnliches Ereignis literarisch verarbeitet ist. Zunächst kann man, ohne zu schmeicheln, dem Autor Gino Leineweber bestätigen, dass diese Pizarro-Novelle selbst literarisch außerordentlich, fast ungewöhnlich gestaltet ist. Bei aller Konzentration finden wir erzählerische Spannung durch eine Schreibweise, die scharf gezeichnete Details und, wenn auch seltene, doch treffende und charakterisierende Dialoge verknüpft mit dokumentarisch anmutenden Passagen und eigenen philosophischen Sentenzen; letztere sind der unterhaltenden Spannung nicht abträglich, sondern eine unbedingte Bereicherung.

Doch was ist mit dem Ungewöhnlichen des Stoffes, des Inhaltes selbst? Haben wir nicht viele historische Romane gelesen, kennen wir nicht die Geschichte des Hauptmanns Pizarro, der Conquistadores und ihrer Eroberungen aus der Geschichte und aus diversen Büchern?

Es wird dem Leser wohl schnell klar geworden sein, worin die Besonderheit dieser Novelle besteht: man kann Ereignisse ihrem Wesen nach, Menschen, Charaktere, Bestrebungen auf viele Zeiten, selbst auf die heutige übertragen.

Fast sachlich nüchtern stellt der Autor fest: „...und der Gipfel des Verlangens ist Gier." Gier nach Gold in fester Form. Hier und heute haben wir es mit Gier nach Gold in zunächst flüssiger Form zu tun Öl.

Weiter schreibt Leineweber: Es sieht so aus, als diene die Reise (Pizarros) nur dazu, die unglücklichen Inka-Seelen...zum Christentum zu bekehren...". Ich spare mir den gegenwartsbezogenen Kommentar, zumal der Autor an anderer Stelle feststellt, dass es leider Menschen gibt, „deren Verlangen, Macht auszuüben, charakterlich stark entwickelt ist und die für dieses Verlangen die Menschlichkeit opfern....(sie) sind von ihrer überragenden Kraft überzeugt und ihre Überzeugung paart sich leicht mit göttlichem Sendungsbewusstsein."

Es ist wirklich unnötig, auf spätere oder heutige Ereignisse, Kriege, Schandtaten zu verweisen. Lesen wir von der Gier nach Gold, von der Missachtung der Menschlichkeit, vom Machtmissbrauch und von Sendungsbewusstsein, so denken wir an die gestrigen Nachrichten, an die Meldungen der vergangenen Woche, oder auch an bekannte Ereignisse des vergangenen Jahrhunderts, die denen im Inkareich des 16. Jahrhunderts an Grausamkeit nicht nachstanden.

Insofern ist diese Novelle alles andere als ein Unterhaltungskrimi oder eine Abenteuerbeschreibung. Sie ist vielmehr ein kräftiges Stück Literatur, sehr kräftig, weil sehr nachdenklich machend. Und damit eigentlich Literatur, wie sie nach meiner Vorstellung sein sollte.

Manfred Kubowsky

Von
Gino Leineweber
außerdem bei
Verlag Expeditionen

Hemingway, Wie alles begann
Kindheit und Jugend in Michigan

Wie Hemingway zu dem wurde, was er war: einer, wenn nicht der größte Schriftsteller seiner Zeit. Wer wissen will, wie sich diese Merkmale im jungen Ernest Hemingway entwickelten, muss in seine Kindheit und Jugend in Michigan zurückgehen. Hemingways Berufung als Schriftsteller war deshalb so groß, weil in seine Werke die Prägungen eingeflossen sind, die er dort als junger Mensch erhielt: Unabhängigkeit, Erfahrung, Vertrauen, Kraft, Mut und Talent.

Jahreszeiten, Lyrik

Die Jahreszeiten in der Natur und des Lebens sind die Themen des ersten Gedichtband von Gino Leineweber. Die Gedichte wurden zuerst als Hörbuch veröffentlicht und liegen nun sowohl als E-Buch als auch in gebundener Buchform vor.
Die Gedichte sind zum Teil in mehrere Sprachen übersetzt. Enthalten ist die berühmte Ballade HOMMAGE AN EINEN SPIELER